JN395585

저자 야나기다 리카오
일본 가고시마현에서 태어나 도쿄대학교를 중퇴하였다. 애니메이션 속 슈퍼히어로를 과학적으로 검증한 《공상과학독본》 시리즈를 출간하였고, 60만 부가 판매되며 베스트셀러가 되었다. 이제까지 검증한 만화와 애니메이션, 게임과 옛날이야기 등이 1,000여 편이 넘는다. 1999년 공상과학연구소를 설립하였으며, YouTube 'KUSOLAB'에서도 적극적인 활동을 펼치고 있다. 또한 메이지대학 이공학부의 겸임 강사를 맡고 있다.

감수 마루야마 무네토시
1974년에 태어났다. 농학 박사이자 규슈대학 종합연구박물관 부교수로 재직 중이다. 훗카이도대학 대학원 농학연구과 박사 과정을 수료한 뒤 국립과학박물관, 필드 자연사 박물관(시카고)의 연구원을 거쳐 2008년부터 현직에서 일하고 있다. 개미나 흰개미와 공생하는 곤충의 다양성 해명을 전문으로 하고 있으며, 이 분야에서는 아시아 최고 권위자이다. 매년 국내외에서의 활발한 곤충 조사를 실시하여 여러 새로운 종을 발견하고 다수의 논문을 발표하였다.

옮김 고경옥
어린이와 함께 상상하고 꿈꾸는 번역가입니다. 책을 통해 반짝이는 눈으로 세상을 바라보길 바라는 마음을 담아 우리말로 옮겨냅니다. 대학에서 일문학을 전공하고 학생들에게 일본어를 가르치고 있으며, 바른번역에서 일본어 전문 번역가로 활동하고 있습니다. 옮긴 책으로는 〈도마뱀의 발바닥은 신기한 테이프〉, 〈이유가 있어서 진화했습니다〉, 〈세상에서 가장 아름다운 밤하늘 교실〉, 〈내가 사랑한 생물학 이야기〉, 〈최강왕 독 생물 대백과〉, 〈최강왕 초격돌 공포 생물 최강왕 결정전〉 등 과학학습도감 최강왕 시리즈가 있습니다.

놀라운 상상력을 키워주는 공상과학
곤충도감

곤충이 사람만큼 커진다면?

空想科学昆虫図鑑 もし虫が人間の大きさだったら?
<KUSOU KAGAKU KONCHU ZUKAN MOSHI MUSHI GA NINGEN NO OOKISA DATTARA?>
Copyright © Rikao Yanagita 2022
First published in Japan in 2022 by Seito-sha Co., Ltd.
Korean translation rights arranged with Seito-sha Co., Ltd.
through JM Contents Agency Co.
Korean edition copyright © 2024 by Glsongi Co., Ltd.

이 책의 한국어판 저작권은 JMCA를 통한 저작권자와의 독점 계약으로 ㈜글송이에 있습니다.
저작권법에 의하여 한국 내에서 보호를 받는 저작물이므로 무단 전재와 무단 복제를 금합니다.

책머리 일러스트 이시게 요스케(노치의 꼬리 연구소)
공상과학 일러스트 아오히토, 이시게 요스케(노치의 꼬리 연구소), 이치가와 토모아키, icula, 우에타 케요코, 고가 마사요, 사이토 슈이치, 테라니시 아키라, 나스미소이타메, 푸차민
비밀 도감 일러스트 안자이 순, 우노키, 가와사키 사토시, 미야무라 나호
디자인 무라구치 케이타, 무라구치 치히로(Linon), 가나자와 마사노리
사진 제공 UNIPHOTO PRESS, NPP/UNIPHOTO PRESS
편집 협조 에디큐브

2024 년 10 월 10 일 초판 1 쇄 펴냄

저자 · 야나기다 리카오   **감수** · 마루야마 무네토시   **옮김** · 고경옥
펴낸이 · 이성호   **펴낸곳** · ㈜글송이
편집/디자인 · 이유미, 오영인, 임주용
마케팅 · 이성갑, 윤정명, 이현정, 문현곤, 이동준
경영지원 · 최진수, 이인석, 진승현

출판 등록 · 2012년 8월 8일 제 2012-000169호   **주소** · 서울시 서초구 능안말 1길 1(내곡동)
전화 · 578-1560~1 팩스 · 578-1562   **이메일** · gsibook01@naver.com

ISBN 979-11-7018-654-0 74080
      979-11-7018-343-3 (세트)

*잘못 만들어진 책은 바꾸어 드립니다.

시작하며

곤충은 모든 생물 중 생김새와 다양성 면에서 가장 번성한 생물입니다.
그 이유는 다양하지만, 특히 하늘을 날 수 있다는 점과 애벌레에서 성충으로 탈바꿈하는 점이 중요한 이유이지요.
곤충을 하나하나 잘 살펴보면, 모든 곤충이 놀라운 능력을 지녔다는 사실을 알 수 있어요. 또한, 곤충의 세계가 얼마나 깊고 다양한지도 알 수 있지요.

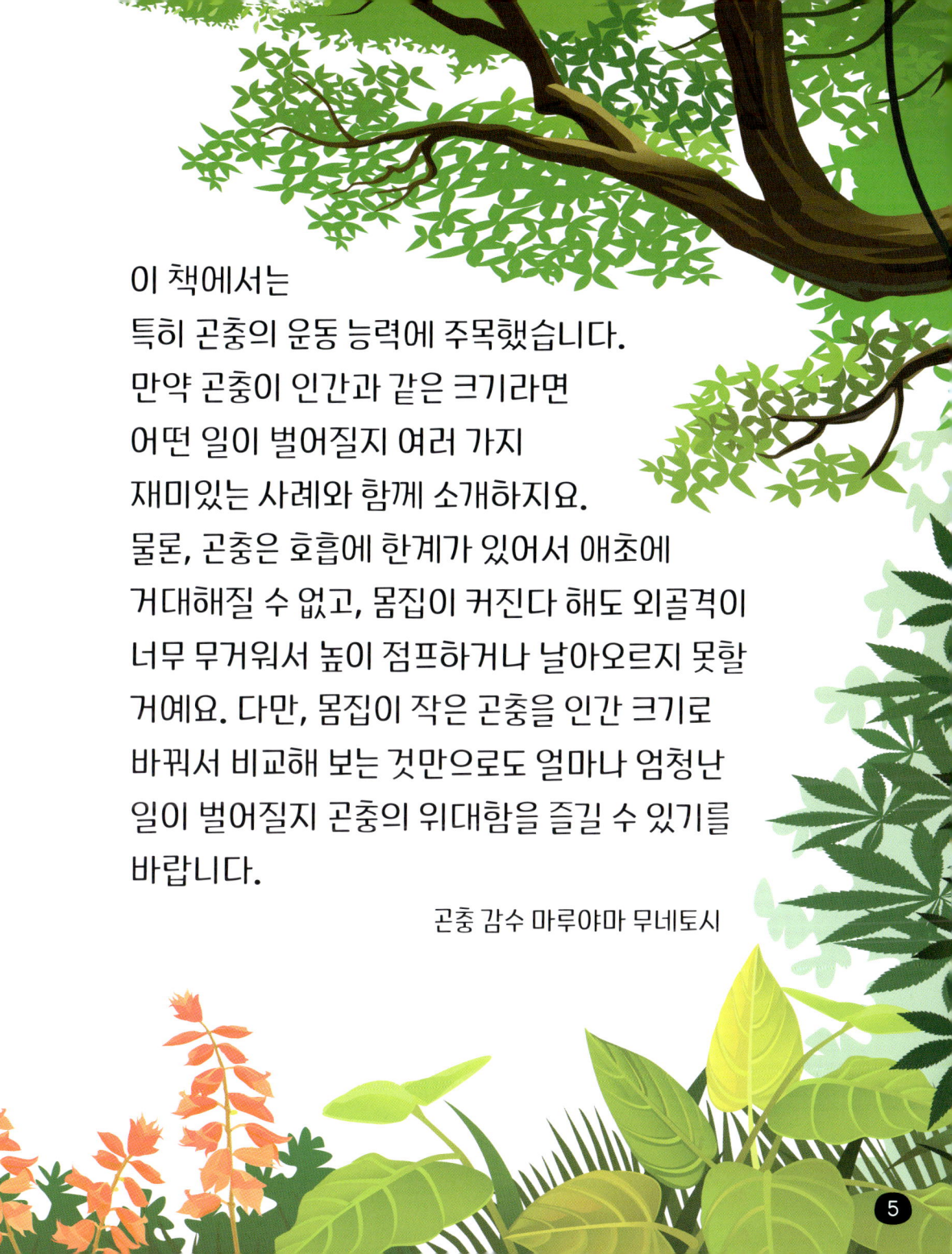

이 책에서는
특히 곤충의 운동 능력에 주목했습니다.
만약 곤충이 인간과 같은 크기라면
어떤 일이 벌어질지 여러 가지
재미있는 사례와 함께 소개하지요.
물론, 곤충은 호흡에 한계가 있어서 애초에
거대해질 수 없고, 몸집이 커진다 해도 외골격이
너무 무거워서 높이 점프하거나 날아오르지 못할
거예요. 다만, 몸집이 작은 곤충을 인간 크기로
바꿔서 비교해 보는 것만으로도 얼마나 엄청난
일이 벌어질지 곤충의 위대함을 즐길 수 있기를
바랍니다.

곤충 감수 마루야마 무네토시

갑작스럽지만,
여기서 질문!
곤충을 보고
이런 생각을
한 적이
있나요?

곤충이야말로 '진화의 결정체!'

곤충의 수명은 짧으면 하루, 길면 몇 년으로 생물 중에서도 매우 짧아요. 하지만 이런 특징은 짧은 기간에 세대교체가 이루어져 진화의 기회가 많다는 것을 보여 주지요.

이렇게 엄청난 진화를 되풀이한 결과,
놀랍게도 현재 지구에서 가장 번성한 생물은
압도적으로 '곤충'이에요!

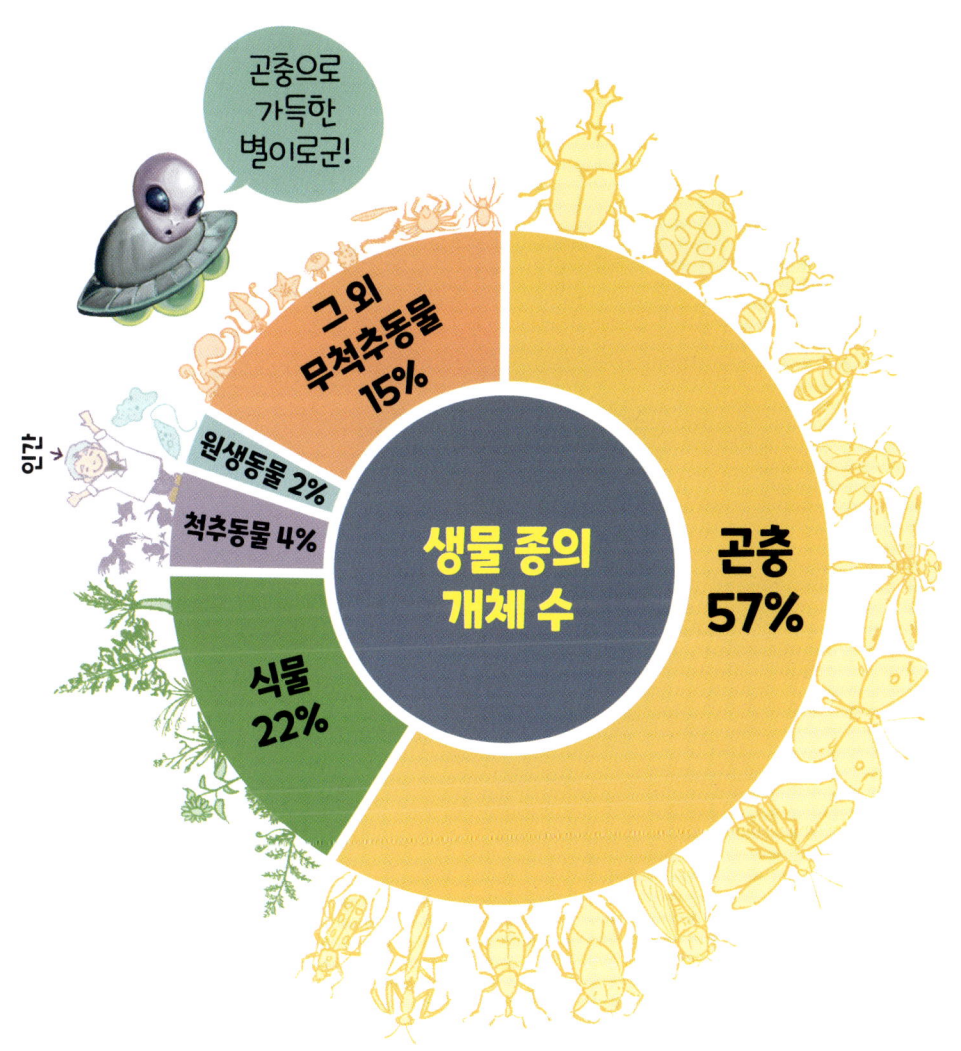

아직도 곤충의 놀라운 생태가
와닿지 않는다고요?
곤충이 아무리 대단하다고 해도
인간이 이해하기에는 확실히
어려울 거예요!

곤충이 인간의 크기만큼 커진다면 어떤 일이 벌어질까요?
이 책에서는 그런 가상의 세계를 과학적으로 상상해 봅니다.
상상력을 최대한 발휘해 가상의 세계를 함께 그려 볼까요?

목차

이 책을 읽고 즐기는 법---18

이야기 1
우리 주변에 사는 놀라운 곤충
19

장수풍뎅이-자동차도 거뜬히 잡아당기는 엄청난 괴력의 소유자!---20

잠자리-눈으로 쫓아갈 수 없는 제트기급 비행력!---24

왕나비-하루에 200km를 이동하는 울트라급 에너지!---28

개미-무엇이든 번쩍 들어 올리는 턱의 괴력!---32

바퀴벌레-고속열차에 뒤지지 않는 질주!---36

메뚜기-하늘을 넘나드는 점프력!---40

물방개-보통을 뛰어넘는 잠수 실력!---44

짱구개미-땅속 1,500m 깊이에 집을 짓는다고?---48

매미-기절할 만큼 우렁찬 울음소리!---52

배추흰나비-방을 꽉 채울 만큼 거대한 날개!---56

무당벌레-폭식하는 푸드파이터!---60

호기심 돋보기-몸통이 바짝 말라도 살아 있다!---64

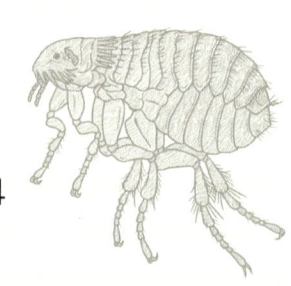

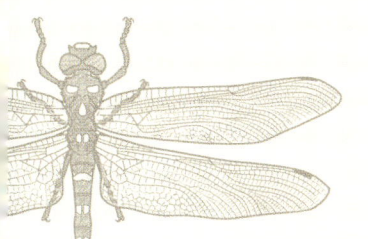

이야기 2
의외로 우리 주변에 많은 놀라운 곤충
65

사슴벌레-자동차 본체를 관통하는 큰턱의 괴력!---66

땅강아지-앞다리로 대형 버스를 미는 강력한 손아귀!---70

벼룩-높이 150m까지 점프한다고?---74

폭탄먼지벌레-위험! 100°C의 독가스 발사!---78

잠자리-1.2km 떨어진 곳의 작은 움직임도 놓치지 않는 시력!---82

흰개미-여왕개미의 수명은 무려 420년!---86

반딧불이-눈이 부셔서 쳐다볼 수조차 없는 불빛!---90

소금쟁이-사람이 탈 수 있는 거대 소금쟁이!---94

소금쟁이-올라타면 시속 360km로 폭주한다!---98

장수풍뎅이 애벌레-10개월 만에 몸무게가 100배 늘어나는 괴물 같은 성장력!---102

박각시나방-박각시나방의 주둥이는 기다란 빨대!---106

호기심 돋보기-물어뜯거나 걸어 다니는 번데기---110

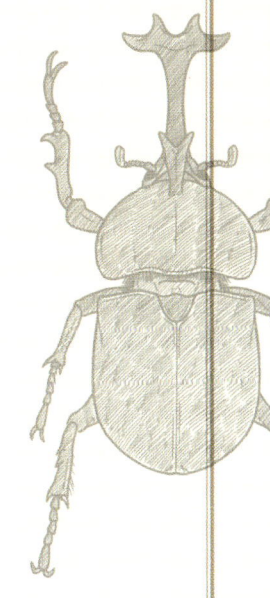

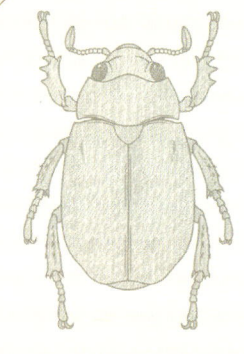

이야기 3
소름 끼치게 놀라운 곤충
111

사마귀-초음파까지 듣는 엄청난 청력의 소유자!---112

파리-붕~ 순식간에 시속 750km까지?---116

덫턱개미-철판도 싹둑 자르는 마하 28로 움직이는 턱!---120

꿀벌-인간의 몸을 관통하는 길쭉한 침!---124

재래꿀벌-하늘을 뒤덮은 200마리의 벌!---128

바퀴벌레-엄청난 반응 속도 0.022초!---132

모기-인간 13명의 피를 빨아 먹는 거대 모기!---136

모기-몸집이 커진 모기가 터벅터벅 걸어와 공격!---140

무당거미-농구장만큼 커다란 거미줄을 친다?---144

개미귀신-절대 빠져나올 수 없도록 만든 구멍!---148

호기심 돋보기-육아를 담당하는 최강 아빠 곤충들---152

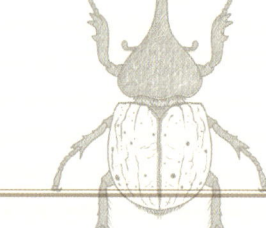

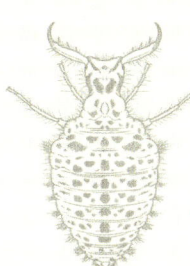

이야기 4
주변에서 보기 드문 놀라운 곤충
153

물맴이-F1 머신보다 빠르게 물 위를 질주한다!---154

자이언트 웨타-몸무게가 468kg인 귀뚜라미!---158

쇠똥구리-대굴대굴 굴러다니는 지름 7.5m의 똥!---162

쇠똥구리-150m나 되는 기다란 똥을 싸는 곤충!---166

크로카타바구미-총알도 튕겨 내는 강철 몸통!---170

발광방아벌레-UFO처럼 화려하게 빛나는 곤충!---174

모르포나비-인간 크기로 변하면 색깔이 달라지는 나비!---178

보석풍뎅이-은색으로 번쩍이는 거울 같은 곤충!---182

두눈속딱부리반날개-총알보다 빠르게 방귀 발사!---186

헤라클레스왕장수풍뎅이-장수풍뎅이계의 제왕!---190

※ 이 책에서는 곤충이 아니더라도 우리에게 친숙하고, 놀라운 능력을 지닌 벌레도 소개합니다.

이 책을 읽고 즐기는 법

만약 곤충이 인간만큼 커진다면
어떤 일이 벌어질까요?

현실적으로 곤충은 지금보다 더 커질 수 없어요. 곤충은 '기문'이라는 구멍에서 산소를 조금씩 받아들이는데, 작은 몸집일 때는 문제가 없지만 몸집이 커지면 충분한 산소를 전달받지 못해요. 그럼에도 만약, 곤충이 '키 150cm인 인간만큼 커진다면' 어떻게 될까요? 인간과 비교해 곤충의 능력이 얼마나 대단한지 함께 상상해 볼까요?

해당 곤충을 4쪽에 걸쳐 소개합니다.

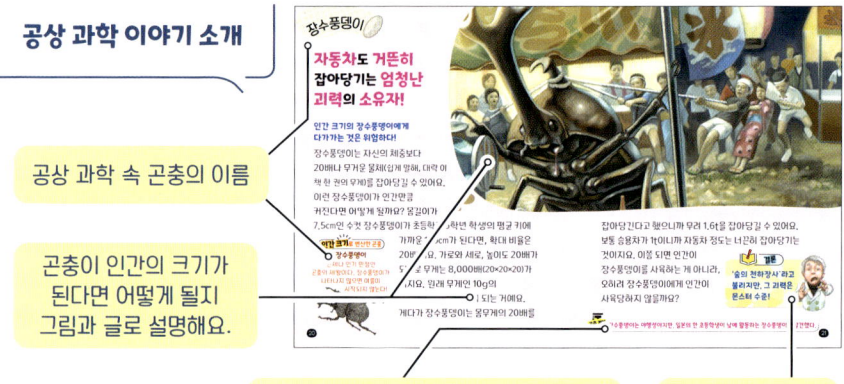

- 공상 과학 이야기 소개
- 공상 과학 속 곤충의 이름
- 곤충이 인간의 크기가 된다면 어떻게 될지 그림과 글로 설명해요.
- 추가 정보를 전달하는 곤충 박사 메모장
- 곤충 박사의 결론

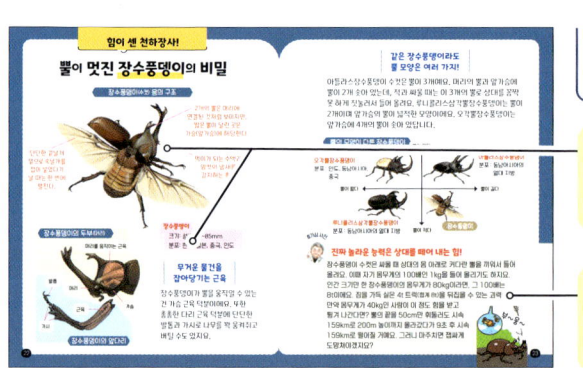

- 곤충에 관한 비밀 이야기 소개
- 곤충의 몸 구조와 크기, 분포 지역을 소개해요.
- 곤충이 인간만큼 커지면 어떤 일이 벌어질지 상상해 봐요.

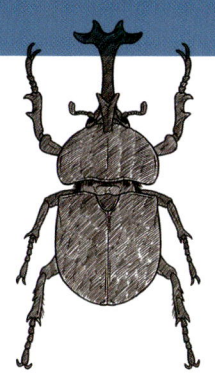
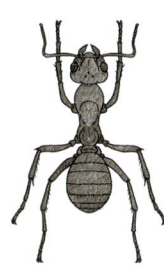

이야기
1

우리 주변에 사는
놀라운 곤충

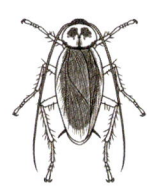

곤충들은 어떤 능력을 지녔을까요?

너무 쉽게 볼 수 있어서

무심코 지나쳐 버렸던

곤충의 놀라운 능력을 알아볼까요?

장수풍뎅이

자동차도 거뜬히 잡아당기는 엄청난 괴력의 소유자!

인간 크기의 장수풍뎅이에게 다가가는 것은 위험하다!

장수풍뎅이는 자신의 체중보다 20배나 무거운 물체(쉽게 말해, 대략 이 책 한 권의 무게)를 잡아당길 수 있어요. 이런 장수풍뎅이가 인간만큼 커진다면 어떻게 될까요? 몸길이가 7.5cm인 수컷 장수풍뎅이가 초등학교 6학년 학생의 평균 키에 가까운 150cm가 된다면, 확대 비율은 20배예요. 가로와 세로, 높이도 20배가 되므로 무게는 8,000배(20×20×20)가 되지요. 원래 무게인 10g의 8,000배이면 80kg이 되는 거예요. 게다가 장수풍뎅이는 몸무게의 20배를

장수풍뎅이
언제나 인기 만점인 곤충의 제왕이다. 장수풍뎅이가 나타나지 않으면 여름이 시작되지 않는다!

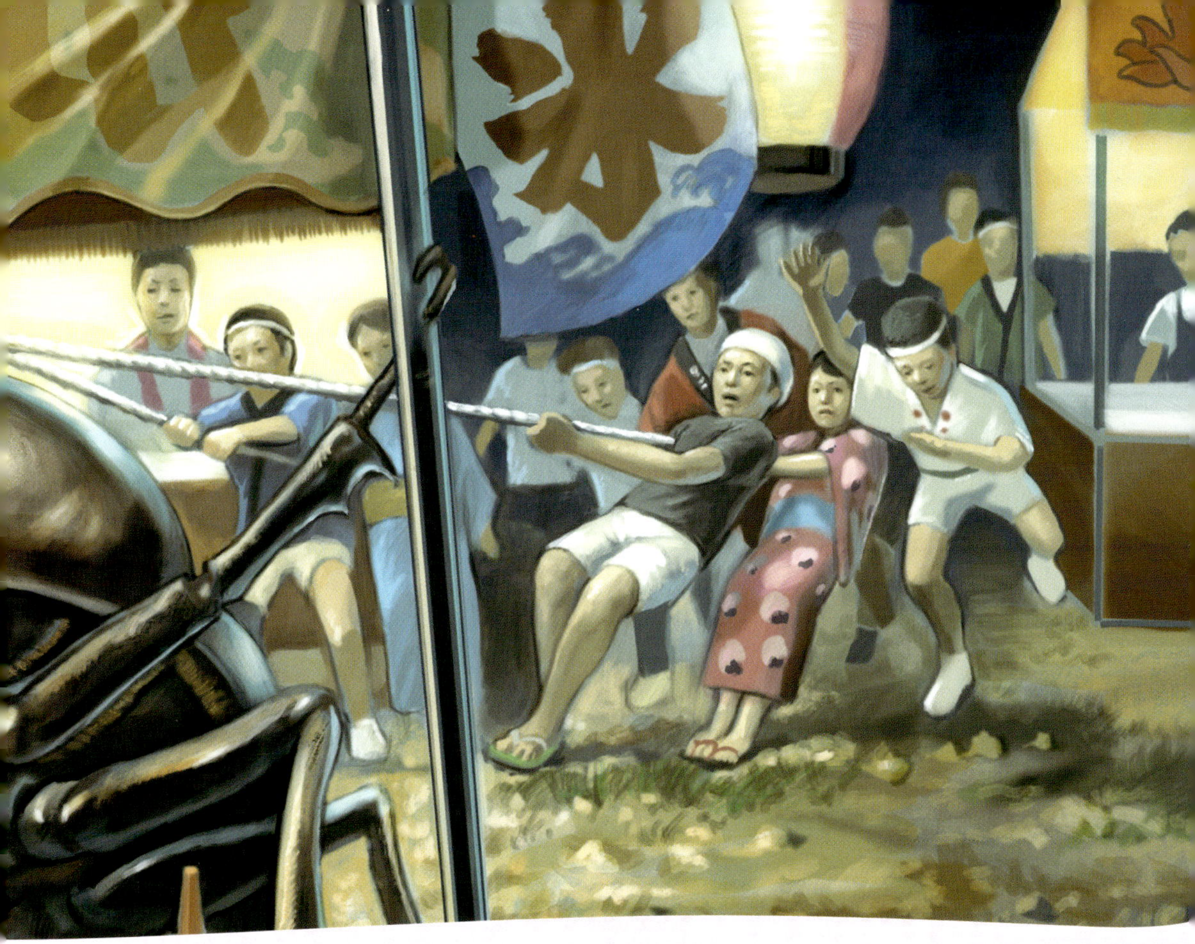

잡아당긴다고 했으니까 무려 1.6t을 잡아당길 수 있어요. 보통 승용차가 1t이니까 자동차 정도는 너끈히 잡아당기는 것이지요. 이쯤 되면 인간이 장수풍뎅이를 사육하는 게 아니라, 오히려 장수풍뎅이에게 인간이 사육당하지 않을까요?

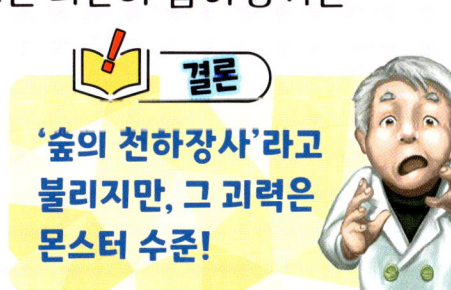

결론

'숲의 천하장사'라고 불리지만, 그 괴력은 몬스터 수준!

곤충 정보 플러스+ 장수풍뎅이는 야행성이지만, 일본의 한 초등학생이 낮에 활동하는 장수풍뎅이를 발견했다.

힘이 센 천하장사!
뿔이 멋진 장수풍뎅이의 비밀

장수풍뎅이(수컷) 몸의 구조

- 2개의 뿔은 머리에 연결된 것처럼 보이지만, 짧은 뿔이 달린 곳은 가슴(앞가슴)에 해당한다.
- 단단한 겉날개 밑으로 속날개를 접어 넣었다가 날 때는 한 번에 펼친다.
- 먹이가 되는 수액과 암컷의 냄새를 감지하는 촉각

장수풍뎅이의 두부(머리)
- 머리를 움직이는 근육

장수풍뎅이의 앞다리
- 발톱
- 머리
- 근육
- 가시
- 가슴

장수풍뎅이
- 크기: 성충 27~85mm
- 분포: 한국, 일본, 중국, 인도

무거운 물건을 잡아당기는 근육

장수풍뎅이가 뿔을 움직일 수 있는 건 가슴 근육 덕분이에요. 또한 촘촘한 다리 근육 덕분에 단단한 발톱과 가시로 나무를 꽉 움켜쥐고 버틸 수도 있지요.

같은 장수풍뎅이라도 뿔 모양은 여러 가지!

아틀라스장수풍뎅이 수컷은 뿔이 3개예요. 머리의 뿔과 앞가슴에 뿔이 2개 솟아 있는데, 적과 싸울 때는 이 3개의 뿔로 상대를 꼼짝 못 하게 짓눌러서 들어 올려요. 루니콜리스삼각뿔장수풍뎅이는 뿔이 2개이며 앞가슴의 뿔이 넓적한 모양이에요. 오각뿔장수풍뎅이는 앞가슴에 4개의 뿔이 솟아 있답니다.

뿔의 모양이 다른 장수풍뎅이

오각뿔장수풍뎅이
분포: 인도, 동남아시아, 중국

아틀라스장수풍뎅이
분포: 동남아시아의 열대 지방

루니콜리스삼각뿔장수풍뎅이
분포: 동남아시아의 열대 지방

장수풍뎅이

(뿔이 많다 / 뿔이 적다 / 뿔이 짧다 / 뿔이 길다)

호기심 사전

진짜 놀라운 능력은 상대를 떼어 내는 힘!

장수풍뎅이 수컷은 싸울 때 상대의 몸 아래로 커다란 뿔을 끼워서 들어 올려요. 이때 자기 몸무게의 100배인 1kg을 들어 올리기도 하지요. 인간 크기만 한 장수풍뎅이의 몸무게가 80kg이라면, 그 100배는 8t이에요. 짐을 가득 실은 4t 트럭(합계 8t)을 뒤집을 수 있는 괴력이지요. 만약 몸무게가 40kg인 사람이 이 정도 힘을 받고 튕겨 나간다면? 뿔의 끝을 50cm만 휘둘러도 시속 159km로 200m 높이까지 올라갔다가 9초 후 시속 159km로 떨어질 거예요. 그러니 마주치면 잽싸게 도망쳐야겠지요.

잠자리

눈으로 쫓아갈 수 없는 제트기급 비행력!

장수잠자리는 시속 60km 이상, 왕잠자리는 시속 70km 이상!

장수잠자리의 몸길이는 약 10cm예요. 시속 60km(초속 16.7m)로 날면 1초에 몸길이의 167배를 날아가지요. 몸길이 7cm인 왕잠자리가 시속 70km로 날면 1초에 몸길이의 278배를 날아가요. 이토록 빠른 잠자리가 인간만큼 커지면 비행 속도는 어느 정도일까요? 1초에 몸길이의 167배를 날 수 있는 거대 장수잠자리는 시속 900km로, 시속 850km로 나는 제트 여객기의 속도보다 빨라요.
1초에 몸길이의 278배를 날아가는 거대 왕잠자리는 시속 1,500km가 되지요.

장수잠자리
공중에서 사방으로 움직이다 몸을 뒤집는다. 아슬아슬한 하늘의 곡예사!

기온 15°C일 때 공기 중 소리의 속도는 초속 340m이고 시속 1,224km로, 거대 왕잠자리가 1.2배 빨라요. 다시 말해, 마하 1.2의 속도이지요.
해 질 무렵 이렇게 거대한 잠자리가 주변을 날아다닌다면, 두렵지 않을까요?

결론
잠자리가 만약 인간만큼 커진다면, 너무 빨라서 눈에 보이지 않을걸!

곤충 정보 플러스+ 마하 1은 기온이 15°C일 때 소리가 나아가는 속도이다. 기온이 높을수록 소리는 빨라진다.

잠자리는 곡예비행의 천재!

잠자리의 비밀

장수잠자리 몸의 구조

장수잠자리는 앞날개보다 뒷날개가 크며 앞날개와 뒷날개를 따로 움직일 수 있다.

펄럭이는 날개를 부채의 뼈대처럼 지탱하는 날개맥

앞날개와 뒷날개의 크기가 다른 잠자리는 날개의 뿌리 쪽에 삼각형 모양의 삼각실이 있다. 삼각실은 날개를 튼튼하게 지탱하는 역할을 한다.

장수잠자리 날개의 끝

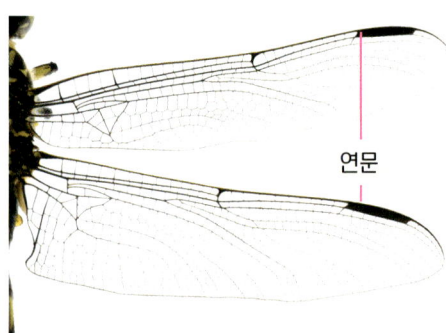

연문

날개 끝에 있는 검은 부분이 연문이다. 연문은 다른 날개 부위보다 두껍다.

장수잠자리
크기: 성충 90~100mm
분포: 한국, 일본, 중국, 타이완

잠자리가 날개를 움직이는 방식

잠자리는 날개를 위아래가 아닌 8자를 그리듯이 움직여요. 뜨는 힘과 앞으로 나아가는 힘이 생성되어 효율적으로 날 수 있기 때문이지요. 날개 끝에는 무게 중심을 잡는 연문이 있어서 8자로 움직여도 날개가 뒤틀리지 않아요.

수컷과 암컷의 합체 비행!

수컷 잠자리의 복부 끝에는 펜치처럼 생긴 '부속기'가 있어요. 수컷이 부속기로 암컷의 머리를 움켜쥐고 함께 나는 방식을 '탠덤 비행'이라고 해요. 탠덤 비행을 하는 잠자리는 짝짓기를 마친 커플인데, 수컷은 자신과 짝짓기한 암컷이 다른 수컷과 짝짓기할 수 없도록 산란할 때까지 암컷과 함께 날아다녀요.

잠자리의 탠덤 비행
- 부속기로 암컷의 머리를 잡는다.
- 부속기
- 수컷은 탠덤 비행으로 암컷과 합체해 확실하게 자신의 자손을 남긴다.
- 산란변
- 수컷
- 암컷

암컷의 복부 끝에는 부속기가 아닌 알을 낳는 산란변이 있다.

호기심 사전

수채의 속도를 얕보지 마!

'수채'는 잠자리 애벌레예요. 육식성이며 장구벌레(모기 애벌레)나 올챙이 등 움직이는 것만 잡아먹지요. 따라서 움직임이 재빨라야 하는데, 장 속에 물을 채웠다가 그 물을 뿜어내며 앞으로 나아가요. 왕잠자리 애벌레의 속도는 초속 50cm 정도로 무척 빨라요. 몸길이가 약 5cm니까 1초에 몸길이의 10배를 이동하는 셈이지요. 수채가 인간 만해진다면, 그 속도는 시속 54km예요. 잠수함의 속도(시속 37km)와 비교하면 무척 빠른 것임을 알 수 있어요.

왕나비

하루에 200km를 이동하는 울트라급 에너지!

철새처럼 떠돌아다니는 나비!

제왕나비는 여름에 캐나다에서 하루 평균 80km를 날아 한두 달 사이에 미국 캘리포니아나 멕시코에 도착해 알을 낳아요. 성충이 된 제왕나비는 세대교체를 반복하며 캐나다로 돌아가지요.

왕나비

날개의 무늬가 아름다운 중형 나비이다. 전국에서 찾아볼 수 있고 인기가 많다.

왕나비는 하루에 200km를 날아간다는 기록이 있어요. 앞날개(날개 뿌리부터 끝까지의 길이)의 길이는 6cm이고 몸길이는 2cm에 불과한 작은 몸으로 하루에 200km를 비행하지요. 왕나비가 인간 크기인 150cm라면,

하루에 15,000km를 이동하는 셈이에요. 우리나라에서 아침을 먹었다면 저녁은 콜롬비아에서 먹을 수 있는 놀라운 장거리 이동이지요. 참고로, 우리나라에서 콜롬비아까지 비행기로 간다면 최소 23시간 넘게 걸린답니다.

결론

인간만큼 커진다면 3일 만에 세계 일주 (약 4만km) 가능!

곤충 정보 플러스+ 왕나비의 날개 모양을 흉내 내 만든 선풍기도 있다.

아름다운 떠돌이 나비
왕나비의 비밀

날아가는 왕나비

일본의 옛 색깔 이름 중에 녹색이 도는 남색을 '아사기색(연한 청록색)'이라고 한다.
날개가 아사기색이고 왕나비의 일종이어서 일본에서는 '아사기왕나비'라고 부른다.

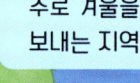
중국

주로 겨울을 보내는 지역

왕나비
- 크기: 성충 80~100mm(양 날개를 펼친 크기)
- 분포: 한국, 일본, 타이완, 중국

타이완

남하
북상

주로 여름을
보내는 지역

계절에 따라 옮겨 다니는 왕나비의 이동 루트

동아시아를 여행하는 왕나비의 이동에 관해 1980년대부터 조사가 이루어지고 있어요. 왕나비를 잡아 발견한 날짜와 장소를 날개에 적고 다시 날려 보내는 '마킹 조사'예요. 이 조사로 겨울에는 타이완이나 중국 등 따뜻한 지역에서, 여름에는 한국이나 일본 홋카이도 등의 서늘한 지역에서 왕나비가 서식한다는 사실을 알게 되었어요. 왕나비는 왼쪽 지도와 같은 루트로 멀리 이동해요.

애벌레와 성충 모두 독을 먹는다!

왕나비 날개의 무늬는 파란색과 갈색이라 상당히 눈에 띄지요. 이렇게 눈에 띄는 모습으로 날아다니면 도중에 새에게 잡아먹히지는 않을까요?
사실 왕나비는 애벌레일 때나 성충이 되어서도 독이 있는 식물을 먹어요. 그래서 온몸에 독을 지니고 있지요. 눈에 띄는 몸통의 무늬는 '나한테 독이 있어!'라고 경고하는 것이에요(이러한 몸의 색깔을 '경계색'이라고 한다). 오히려 눈에 띄게 하여 장거리를 이동하면서도 새에게 잡아먹히지 않는 생존 전략을 이용하는 것이에요.

개미

무엇이든 번쩍 들어 올리는 턱의 괴력!

곤충 중에서도 크기가 작은 편인 개미!
예를 들어, 곰개미는 몸길이가 4~6mm이고 몸무게는 0.004g밖에 되지 않아요. 하지만 그 힘은 엄청나게 세지요. 몸무게의 5배나 무거운 물체를 큰턱으로 들어 올릴 수 있어요. 만약 몸길이 5mm인 곰개미가 몸길이 1.5m로 거대해지면, 확대 비율은 300배예요. 그렇다면 몸무게는 2,700만 배(300×300×300)가 되어 108kg이 되지요. 그 무게의 5배는 540kg이니까 그랜드피아노(261~415kg) 정도는 가볍게 들어 올릴 수 있어요. 역도의 용상 세계 기록은 263kg으로,

곰개미
공원 등에서 자주 볼 수 있는 중형 개미이다.
자주 밟히기도 한다!

곰개미가 세계 최고의 역도 선수 2배 이상의 괴력을 발휘하는 셈이지요.

곰개미는 집 한 곳에 약 1만 마리가 살고 있다고 해요. 개미를 괴롭힌 인간이 개미구멍에 빠진다면, 과연 어떤 일이 벌어질까요?

결론
개미가 인간만큼 커지면 초괴력 집단이 탄생할 거야!

곤충 정보 플러스+ 개미들처럼 무거운 물건을 협동해서 옮기는 로봇이 실제로도 개발되었다.

몸집은 작아도 힘은 천하장사!
개미의 비밀

개미 몸의 구조

가슴과 배 사이에 '배자루마디'가 있다. 이 마디가 있어서 좁은 개미집 안에서도 몸을 자유롭게 구부릴 수 있다.

먹이를 단단히 물고 있는 큰턱

발끝에는 2개의 발톱이 있고, 발톱 사이에는 나뭇가지 등을 오를 수 있는 흡착판이 있다.

개미가 걷는 법

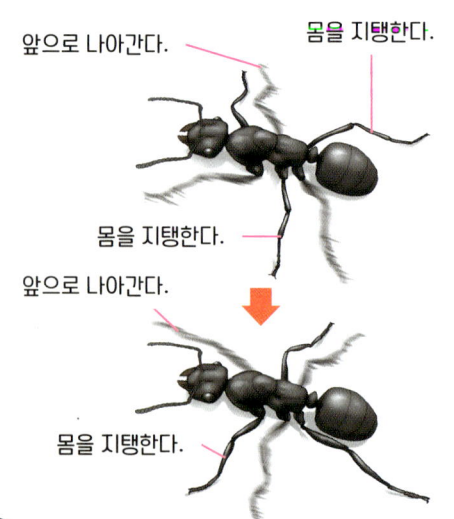

앞으로 나아간다.
몸을 지탱한다.
몸을 지탱한다.
앞으로 나아간다.
몸을 지탱한다.

곰개미
크기: 일개미 4~12mm, 여왕개미 약 17mm
분포: 한국, 일본, 러시아, 몽고, 중국, 타이완

안정감 넘치는 개미의 걸음걸이

개미는 6개의 다리가 있는데, 3개씩 세트로 움직여 걸어요. 오른쪽 앞다리와 왼쪽 가운뎃다리, 오른쪽 뒷다리를 앞으로 내밀 때는 남은 3개의 다리로 몸을 안정적으로 지탱해요. 그래서 자신보다 큰 먹이를 운반할 때도 휘청거리지 않고 앞으로 나아갈 수 있답니다.

최단 거리로 먹이를 운반하는 개미

일개미는 먹이를 집으로 운반할 때 '길잡이 페로몬'이라는 냄새를 1분 30초 동안 풍겨요. 따라서 3마리의 개미가 각자 다른 길로 같은 먹이터에 갔다 오면, 더 빨리 돌아온 길에 더 강렬한 냄새가 남지요. 다른 개미들 역시 길잡이 페로몬이 강하게 남은 2번 길을 찾아 먹이터에 갔다가 집으로 돌아오므로 2번 길의 냄새는 더욱 강렬해져요. 곧 2번 길에는 개미의 대행렬이 형성되고, 아무도 지나가지 않은 1번과 3번 길의 냄새는 사라지고 말지요.

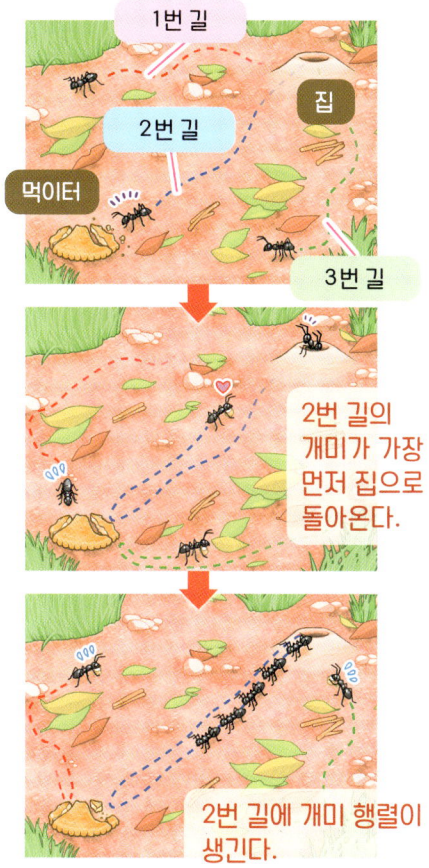

2번 길의 개미가 가장 먼저 집으로 돌아온다.

2번 길에 개미 행렬이 생긴다.

버스도 질질 끌려간다고?

개미는 자기 체중의 25배를 잡아당길 수 있어요. 인간 크기인 개미 체중이 108kg이라면, 그 25배는 2.7t(2,700kg)이에요. 그렇다고 개미가 2.7t의 자동차를 잡아당길 수 있다는 것은 아니에요. 지면과의 사이에서 발생하는 마찰력보다 센 힘이 필요하기 때문이시요. 브레이크를 밟은 자동차는 타이어와 자갈길 사이에서 자동차 무게 절반에 이르는 마찰력이 작용해요. 마찰력이 2.7t이라고 가정하면 자동차 무게는 5.4t(버스 정도)이 돼요. 즉, 인간 크기의 개미는 운전사가 브레이크를 밟고 있는 버스를 끌고 갈 수 있을 만큼 힘이 센 것이지요!

바퀴벌레

고속열차에 뒤지지 않는 질주!

단 1초 만에 몸길이의 50배 거리를 질주하는 바퀴벌레!

몸길이 1.50cm의 50배는 75m예요. 75m를 1초 만에 달린다면 100m를 1초 33에 돌파한다는 뜻이지요. 축구로 치면, 우리 편 골대에서 상대편 골대(공식 경기용 코트는 105m)까지 단 1.4초 만에 도달하는 것이에요. 1초에 75m를 이동하는 것은 초속 75m를 뜻해요. 단위를 바꾸면 분속으로 4.5km, 시속으로는 270km로 고속열차만큼 빠른 속도예요.
이런 사람들이 길거리에서 제멋대로 달린다면 어떤 일이 벌어질까요?
이질바퀴의 몸길이는 3cm이고 무게는

인간 크기로 변신한 곤충
이질바퀴(미국바퀴)
집에서 1마리를 발견했다면 100마리가 살고 있을 거라고? 번식 속도마저 무섭게 빠르다!

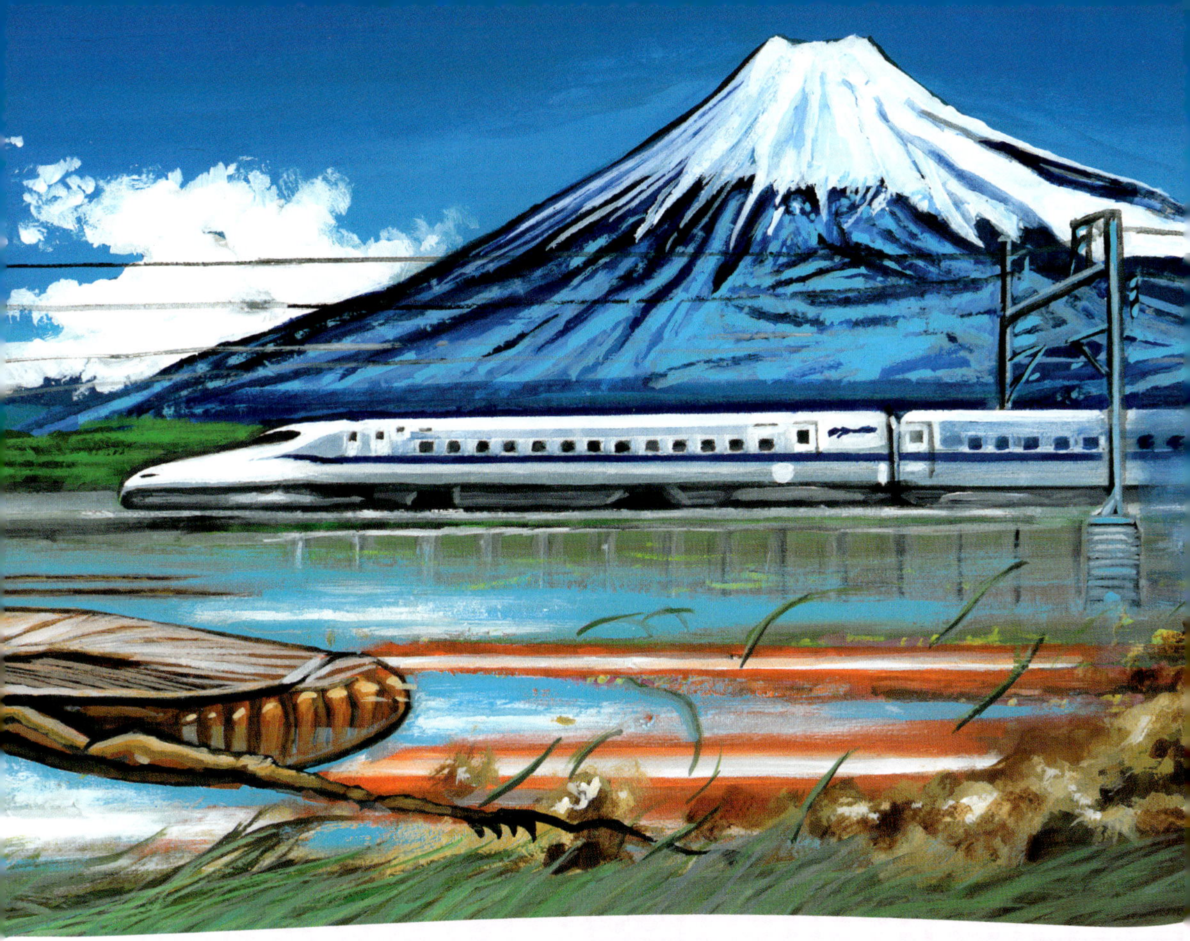

2g이에요. 몸길이가 150㎝로 변하면 몸무게는 250㎏이 되지요. 이런 거대한 생물이 고속열차의 빠르기로 거리를 돌아다닌다고 상상해 보세요. 여기저기에서 바퀴벌레 때문에 교통사고가 일어나 거리는 혼돈에 빠지고 말 거예요!

결론

인간만큼 커진 바퀴벌레는 아무도 막을 수 없어!

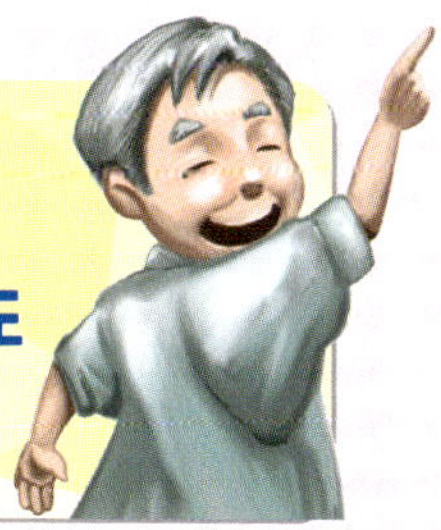

곤충 정보 플러스+ 중국에는 10억 마리의 바퀴벌레가 50t의 음식물 쓰레기를 처리하는 쓰레기 처리장이 있다.

어떻게 빨리 달리는 걸까?

바퀴벌레의 비밀

바퀴벌레 몸의 구조

평소에는 두꺼운 앞날개 밑으로 얇은 뒷날개를 접어 넣는다.

납작해서 좁은 곳으로도 들어가는 몸통

6개의 다리에는 가시가 잔뜩 달려 있다.

다리는 튼튼한 근육질이다.

독일바퀴
크기: 성충 10~15mm
분포: 인간이 사는 곳

배 쪽을 보면

앞다리, 가운데다리, 기절, 전절, 퇴절, 경절, 부절, 가시, 뒷다리, 발톱

강력한 다리 힘을 지탱하는 근육

곤충은 가슴의 일부이자 다리를 움직이는 마디인 '기절'과 인간의 고관절에 해당하는 '전절', 넓적다리에 해당하는 '퇴절'이 있어요. 바퀴벌레는 각 부분의 근육이 발달해 있고 다리에 가시가 있어서 앞으로 나아가기 쉬워요.

바퀴벌레는 정말 혐오 대상일까?

바퀴벌레는 3,500~4,000종이 있으며 우리나라에는 11종 이상이 서식해요. 그런데 이 중에서 인간이 볼 수 있는 바퀴는 아주 일부분이에요. 대부분은 인적이 드문 숲속에 살며 썩은 나무와 낙엽을 먹고 분해해 흙으로 만드는 중요한 역할을 하지요. 따라서 바퀴벌레가 사라지면 숲에는 쓰러진 나무나 낙엽이 넘쳐날 거예요. 갈색이나 검은색 말고도 다양한 색과 모양의 바퀴벌레가 있어요. 이들 역시 지구의 생태계를 지탱하고 있답니다.

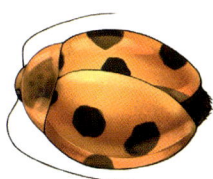

덴토바퀴
색깔이나 생김새가 노란 무당벌레와 닮았다.

초록바나나바퀴
중남미의 열대 숲, 산림 지대에 서식한다. 선명한 에메랄드 그린색 몸통이 특징이다.

루리바퀴벌레
금속광택의 유리색(남색) 몸통을 지녔다.

긴이로고슈우바퀴
오스트레일리아에 분포한다. 노란색 마디가 있고 녹색 몸통이 화려하다.

호기심 사전

스피드를 이용해 높이 뛰어오른다!

거대한 바퀴벌레가 존재한다면 인간은 어디 있어야 안전할까요? 만약, 서울 스카이 전망대(지상 500m의 전망대)로 피하면 될까요? 바퀴벌레는 날 수 있는 거리는 짧고 속도는 느려요. 몸길이가 150cm라고 해도 높이 500m까지 날아오를 수는 없지요. 하지만 바퀴벌레는 수직인 벽을 오를 수 있어요. 평지와 똑같이 초속 75m로 벽을 기어오르면 전망대까지 6.7초면 도달하지요. 같은 속도로 경사면을 달려 올라가면 그대로 하늘로 날아갈 거예요. 예를 들어 경사면이 45도라면, 비거리(날아간 거리) 574m까지 점프할 수 있지요.

메뚜기

하늘을 넘나드는 점프력!

상상을 초월하는 메뚜기의 점프력!

풀무치는 다리 근육이 강해서 점프하면 최고 높이 50cm, 최대 1m까지 날아갈 수 있어요. 몸길이가 5cm 정도니까 몸길이의 10배는 높고 20배나 멀리 날아오르는 것이지요. 이런 풀무치가 150cm로 커진다면 점프했을 때 높이 15m, 거리 30m를 이동할 거예요. 5층 건물을 뛰어오르거나 폭이 25m인 수영장을 뛰어넘는 셈이지요.

좁쌀메뚜기의 점프력은 더욱 놀라워요. 몸길이가 5mm로 무척 작지만, 높이 50cm를 뛰어오르고 1m 25cm를

풀무치
점프가 트레이드마크! 유명한 슈퍼히어로인 '가면라이더'의 모델이기도 하다.

이동하지요. 만약 몸길이가 150cm로 커지면, 150m를 뛰어올라 건물 40층 높이까지 올라갈 수 있어요. 그리고 몸길이의 250배인 375m를 이동할 수 있지요.
이 정도면 1량에 약 22.5m인 KTX 16량 열차를 뛰어넘는 점프력이에요.

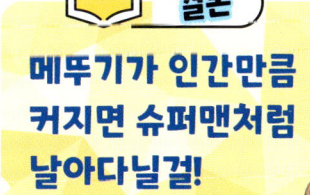

결론
메뚜기가 인간만큼 커지면 슈퍼맨처럼 날아다닐걸!

곤충 정보 플러스+ 손바닥 치는 소리에 반응하여 움직이는 메뚜기의 귀(고막)를 이용한 로봇이 있다.

점프의 달인!
메뚜기의 비밀

메뚜기 몸의 구조

- 평소에는 뒷다리로 점프해 이동한다.
- 그물망 모양인 두 장의 앞날개와 반투명한 두 장의 뒷날개가 있다.
- 뒷다리가 제일 길다. 앞다리와 가운뎃다리는 걸을 때 사용한다.

메뚜기의 날갯짓

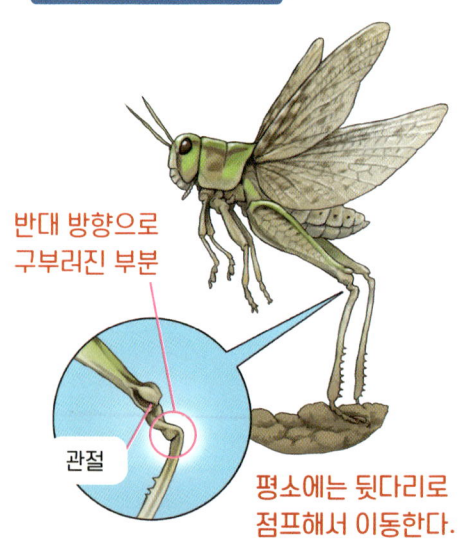

- 반대 방향으로 구부러진 부분
- 관절
- 평소에는 뒷다리로 점프해서 이동한다.

풀무치
크기: 성충 35~65mm
분포: 전 세계

다리 힘에 날갯짓을 더해서 더 멀리 점프!

메뚜기의 뒷다리는 관절 아랫부분이 반대 방향으로 구부러져 있어서 점프의 충격을 줄일 수 있어요. 적으로부터 도망칠 때는 점프한 뒤 날개를 펼쳐서 날아가요. 이런 방법으로 한 번의 점프로도 멀리 이동할 수 있지요.

주변 환경에 따라 체형과 이동 능력이 바뀌는 메뚜기

사막메뚜기는 하루에 100km를 이동해요. 섬서구메뚜기는 다른 메뚜기에 비해 느긋하게 움직이지요. 점프할 수는 있지만 잘 날지는 못해요.
같은 풀무치라도 서식 환경에 따라 이동 능력은 달라져요. 한 마리만 있을 때는 뒷다리가 길어 점프하기 쉬운 체형으로 자라지만, 여러 풀무치가 같이 자라면 날개가 길어져서 날아다니기에 적합한 체형으로 자라요. 주변에 동료가 많으면 먹이가 부족해 먹이터를 자주 옮겨야 하기 때문이에요.

사막메뚜기(아시아, 아프리카 등)
큰 무리를 이뤄 장거리를 이동한다.

섬서구메뚜기(일본)
몸집이 큰 암컷 위에 수컷이 올라탄다.

무리 지어 생활하는 풀무치
집단생활을 하면 몸의 색은 검어지고 다리는 짧아지며 날개는 길어진다.

호기심 사전

메뚜기 점프력의 비밀!

메뚜기의 뛰어난 점프 실력은 근육의 질에서 나와요. 인간의 근육에는 '코넥틴'이라는 단백질이 있고, 곤충의 근육에는 '레실린'이라는 단백질이 있어요. 코넥틴은 에너지의 50%만 운동에 사용하는데, 레실린은 97%를 운동에 사용해요. 레실린의 에너지 효율이 1.94배나 높지요.
만약, 인간의 코넥틴이 레실린으로 바뀐다면?
남자 세계 기록(괄호 안)과 비교해 보면 높이뛰기는 2m 37cm(1m 22cm), 100m 달리기는 6초 89 (9초 58), 멀리뛰기는 24m 17cm(8m 95cm)가 돼요. 전 종목 신기록이 다시 쓰이겠는데요!

물방개

보통을 뛰어넘는 잠수 실력!

물속 생활에 특화된 곤충, 물방개!

물방개는 노처럼 생긴 뒷다리로 물을 힘차게 저으면 초속 50cm로 헤엄칠 수 있어요. 몸길이가 4cm니까 1초에 몸길이의 12.5배나 빠르게 헤엄치는 셈이지요. 몸길이가 150cm로 커지면 초속 18.8m, 시속으로는 67.5km가 돼요. 100m를 5초 33만에 완주할 수 있는 속도예요. 인간의 세계 기록인 46초 91의 8.8배나 빠르지요. 물속에서의 호흡법 또한 특별해요. 보통의 곤충들은 배에 있는 '기문'으로 호흡하기 때문에 엉덩이를 수면 위로 내놓아요. 하지만 물방개는 날개와 배

물방개
둥근 몸매가 매력적인 물방개! 요즘에는 찾아보기 힘들지만, 옛날에는 흔했다.

사이에 공기를 채워서 잠수하면 등 쪽의 기문에서 그 공기로 호흡하지요. 최대 수심 2m까지 5분 동안 잠수할 수 있어요.

만약, 물방개가 인간의 크기만큼 커진다면 최대 수심 75m까지 잠수할 수 있고, 그 깊이까지 단 4초 만에 도달할 수 있답니다.

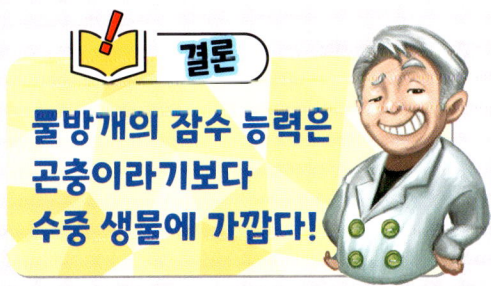

결론
물방개의 잠수 능력은 곤충이라기보다 수중 생물에 가깝다!

곤충 정보 플러스+ 물방개의 재빠른 수영 실력을 모방해 체내에서 움직이는 의료용 로봇이 연구되고 있다.

물속에서 사는 곤충!

물방개의 비밀

물방개 몸의 구조

- 때때로 엉덩이만 수면 위로 내밀어 날개 밑에 저장한 공기를 교체한다.
- 커다란 뒷다리는 노처럼 생겨서 물을 힘차게 밀어내며 앞으로 나아간다.
- 야행성으로, 밤이 되면 날개를 펼쳐서 활발히 날아다닌다.

물방개
크기: 성충 35~40mm
분포: 한국, 일본, 중국, 타이완 등

날개 밑에 공기를 저장한다!

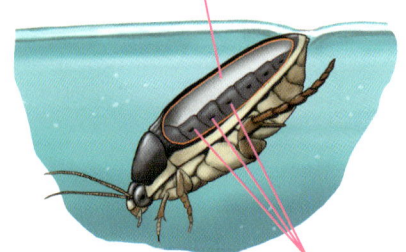

- 기실: 날개 밑에 공기를 저장하는 곳
- 물속에서 기실에 저장한 공기를 배 옆의 기문으로 빨아들인다.
- 기문: 호흡하는 구멍

물방개가 호흡하는 원리

물방개는 기실에 공기를 저장해 잠수해요. 종종 엉덩이에 공기 거품을 달고 있는 물방개가 있는데, 이 거품에는 산소가 들어 있어요. 물과 닿은 거품이 물속에 녹아 있는 산소를 빨아들이는 구조예요. 이 원리로 물방개는 많은 양의 산소를 물속에서 흡수할 수 있어요.

수컷의 앞다리에 흡반이 있는 물방개도 있다!

물방개의 몸 표면은 매끄러워서 물의 저항을 받지 않고 빠르게 움직일 수 있어요. 하지만 매끈한 몸이 짝짓기할 때는 방해가 돼요. 수컷이 암컷의 몸을 단단히 붙잡는 것을 방해하기 때문이지요. 배물방개붙이는 수컷의 앞다리 끝에 많은 흡반이 있어요. 암컷의 앞날개에는 수컷의 흡반이 달라붙기 쉽도록 올록볼록하답니다.

배물방개붙이가 짝짓기하는 원리
- 수컷의 앞날개
- 수컷
- 암컷의 앞날개
- 암컷
- 수컷의 앞다리 흡반

호기심 사전

물방개 애벌레는 물속의 난폭군!

물방개 애벌레는 앞다리로 먹이를 잡아 큰턱으로 찢어 먹어요. 먹잇감은 주로 잠자리 애벌레, 송사리 등의 작은 물고기예요. 붕어처럼 커다란 물고기의 사체도 먹어 치워서 물속의 청소부라고도 불려요. 물방개 애벌레는 6개의 다리로 먹잇감을 붙잡고, 큰턱을 이용해 고기와 내장을 녹여 빨아 먹어요. 대식가라 성장도 무척 빨라요. 몸길이 2mm로 태어나 40일 만에 8cm가 되거든요. 순식간에 40배나 커지는 것이에요. 인간으로 치면, 키 50cm로 태어난 아기가 여름 동안 키가 20m로 자란 셈이지요. 그야말로 폭풍 성장이에요.

짱구개미

땅속 1,500m 깊이에 집을 짓는다고?

4~5m 깊이의 집을 짓는 짱구개미!

몸길이가 5mm 정도인 짱구개미는 자기 몸의 천배나 되는 깊은 곳에 집을 지어요. 쉽게 말해, 키 150cm인 인간이 깊이 1,500m인 지하에 집을 짓는 셈이지요.

인간이 만든 가장 깊은 구멍은 남아프리카의 광산에 파놓은 깊이 3,774m의 구멍이에요. 안타깝게도 인간이 들어가 생활할 수는 없어요. 생활이 가능한 지하 건축물로는 일본의 롯폰기역이 있어요. 지하 42.3m에 승강장이 있지요. 개미집이 1,500m니까 롯폰기역보다 35배나 깊어요.

인간 크기로 변신한 곤충
짱구개미
가을이 되면 볼 수 있는 개미이다. 땅속 깊숙한 곳에 집을 짓는다.

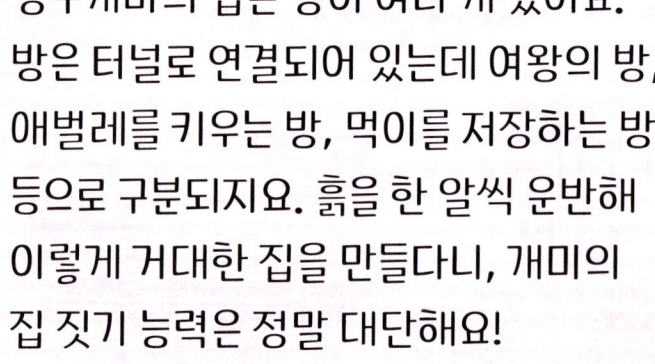

짱구개미의 집은 방이 여러 개 있어요. 방은 터널로 연결되어 있는데 여왕의 방, 애벌레를 키우는 방, 먹이를 저장하는 방 등으로 구분되지요. 흙을 한 알씩 운반해 이렇게 거대한 집을 만들다니, 개미의 집 짓기 능력은 정말 대단해요!

> 힘이 장사! 집 짓기 실력도 뛰어나다!

개미의 비밀

짱구개미
크기: 성충 일개미 4~6mm,
　　　여왕개미 9~10mm
분포: 한국, 일본, 중국

혼자 집을 짓는 여왕개미!

개미는 해마다 정해진 시기에 특별한 알을 낳아요. 알에서 부화한 애벌레가 풍부한 먹이를 먹는 등 다양한 조건이 더해지면 날개 달린 수컷(새로운 왕)과 암컷(새로운 여왕)으로 자라나 짝짓기를 하지요. 그리고 일개미가 자랄 때까지 암컷 혼자 집을 지어요.

날개가 달린 암컷

날개가 달린 수컷

수컷과 암컷이 집에서 날아오르는 것을 '결혼 비행'이라고 한다. 짝짓기를 마치면 수컷은 죽고 암컷은 날개를 떼고 새 여왕이 된다.

개미집의 구조

먹고 남긴 먹이 등 쓰레기를 모으는 방. 모아 둔 쓰레기는 바깥에 버린다.

일개미가 애벌레를 돌보는 방

먹이를 저장하는 방

여왕개미의 방. 여왕개미가 낳은 알은 일개미가 운반한다.

초등학교 교실 2개 넓이의 거대한 개미집

세계에서 가장 큰 개미집은 브라질의 잎꾼개미 집이에요. 크기는 125㎡이고 깊이는 8m로, 연구팀이 개미집에 흘려 넣은 시멘트만 약 10t이지요. 굳은 시멘트를 따라 파 내려갔더니 커다란 길과 연결된 여러 개의 방이 발견되었어요. 쓰레기를 두거나 버섯을 재배하는 등 자주 사용하는 방은 오가기 쉬운 구조로 되어 있었지요.

세계 최대 개미집

발견 당시, 이 개미집은 버려진 뒤라 남아 있는 개미는 없었다.

가을에만 일하는 개미가 있다?

대부분의 개미는 육식이에요. 봄부터 여름까지 부지런히 돌아다니며 지네나 톡토기 등을 사냥하고 곤충의 사체를 모아 오지요. 하지만 짱구개미가 일하는 시기는 가을뿐이에요. 강아지풀 등 볏과의 식물 종자를 먹기 때문이지요. 다른 계절에는 집의 입구를 흙으로 덮어 적의 침입과 비를 막아 집 안에서 여유롭게 생활해요. 모아 둔 씨앗은 싹이 나지 않도록 껍질을 벗겨서 저장하지요. 이렇게 안전하고 먹을거리도 풍족한 완벽한 개미집 한 곳에는 개미 1만 마리 정도가 살고 있답니다.

매미

기절할 만큼 우렁찬 울음소리!

가까이에서 들으면 무척 시끄러운 울음소리를 내는 매미!

참매미와 유지매미의 울음소리는 70~80dB(데시벨)이고 곰매미의 울음소리는 80~90dB이에요. 80dB은 창을 열어 둔 지하철 안에서 들리는 소음 정도이고, 90dB은 인간이 고함치는 소리 정도예요. 매미는 복부에 있는 공간을 울려서 소리를 내요. 몸집이 커져서 공간의 비중이 늘어나면 울리는 소리 역시 커지는데, 몸무게가 10배 늘어날 때마다 10dB씩 커져요. 90dB로 우는 몸길이 7cm인 곰매미가 150cm로 커지면 몸무게는 약 1만 배 늘어나지요. 그러면

곰매미
여름날의 음악가.
노래 소리를 소음이라고 하면
상처받을지도 모른다.

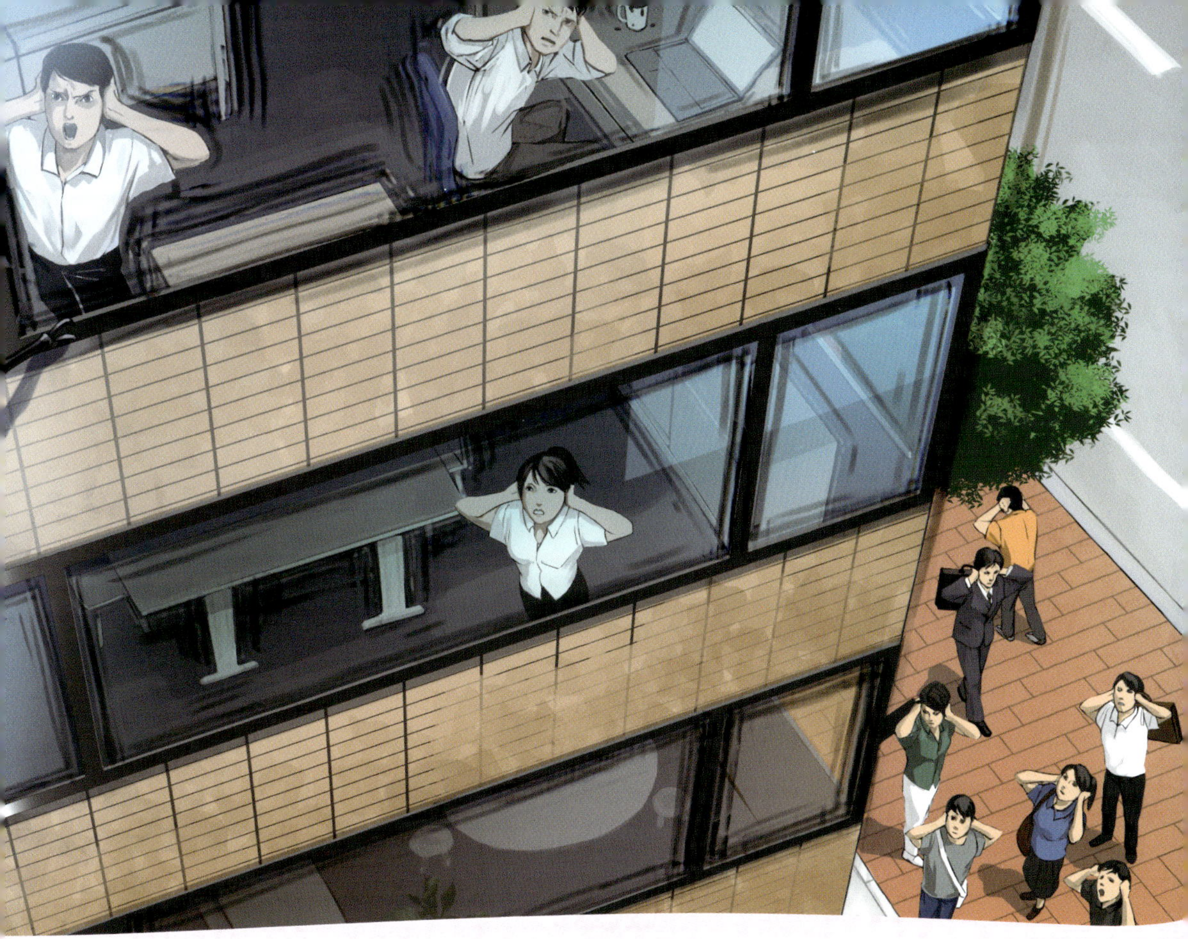

40dB이 증가해 120~130dB의 소리를 낼 수 있어요. 제트기가 이륙할 때 내는 굉음이 130dB 정도예요. 만약 인간만큼 커진 매미가 곁에 있다면? 온종일 제트기의 굉음을 듣게 되는 셈이지요. 곁에 있던 인간의 청력은 괜찮을까요?

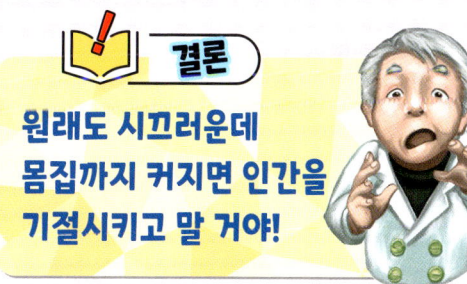

결론

원래도 시끄러운데 몸집까지 커지면 인간을 기절시키고 말 거야!

곤충 정보 플러스+ 소리의 크기는 dB로 나타낸다. 속삭이는 소리는 30dB이고, 청소기 소음은 70dB이다.

매미가 시끄러운 데는 이유가 있다고?

매미의 비밀

매미 몸의 구조

- 가늘고 긴 빨대 모양의 입을 나무에 꽂아 수액을 빤다.
- 날 때는 앞날개와 뒷날개를 서로 걸쳐 커다란 하나의 날개처럼 연결한다.
- 다리 끝에 달린 두 개의 발톱으로 나뭇가지를 단단히 붙잡을 수 있다.
- 수컷의 배에는 '배판'이라는 기관이 있다.

곰매미
크기: 성충 40~48mm
분포: 일본

곰매미 배의 내부

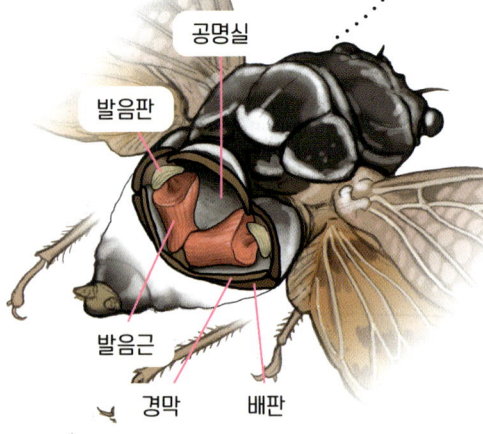

공명실, 발음판, 발음근, 경막, 배판

매미는 울음소리를 바꿀 수 있다?

곰매미는 보통 '지잉지잉' 하고 울지만 '기익', '지익' 하며 울 때도 있어요. 이러한 울음소리의 차이는 매미 배에 있는 배판과 경막 때문이지요. 매미가 복부를 젖히면 2장의 배판 사이에 틈이 생겨요. 그러면 배판 사이의 경막이 늘어나 소리의 높낮이나 리듬이 달라진답니다.

매미의 긴 일생과 울음소리의 관계

매미는 나무 위에서 알 상태로 겨울을 나고 다음 해 장마가 끝날 무렵 애벌레로 변해요. 애벌레는 땅으로 내려와 땅속으로 파고 들어가지요. 알에서 애벌레가 될 때까지 약 10개월이 걸리며 땅속에서 4~5년, 어떤 종류는 17년을 지내기도 해요.
성충이 된 뒤의 수명은 3주~1개월 정도이며, 매미는 이 기간에 자손을 남기기 위해 짝짓기를 해요. 매미가 격렬하게 울어대는 것은 수컷이 자손을 남기려고 필사적으로 암컷을 유혹하기 때문이에요.

매미의 일생

애벌레

애벌레는 흙 안에서 여러 해를 보내며 천천히 커진다.

탈피~성충

애벌레는 탈피를 거쳐 성충이 된다.

호기심 사전

몸통을 울리는 묵직한 중저음 소리!

거대해진 매미는 울음소리 또한 커져요. 게다가 엄청나게 낮은 소리를 내지요. 그런데 몸집이 커지면 왜 소리는 낮아지는 걸까요? 커다란 악기일수록 낮은 소리를 내는데, 그 이유는 공기가 천천히 진동할수록 소리가 낮아지기 때문이에요. 똑같은 이유로 매미가 커지면, 울음소리도 낮아져요. 매미는 수컷만 울음소리를 내요. 배 안쪽 공간이 클수록 내부 공기는 크게 떨리고 1초에 떨리는 횟수가 적어져요. 몸통을 울리는 묵직한 중저음이 큰 소리로 '맴맴맴…' 한다면? 마치 지옥의 악마가 우는 소리처럼 들리지 않을까요?

배추흰나비

방을 꽉 채울 만큼 거대한 날개!

다른 곤충들에 비해 배추흰나비는 평범하지 않을까?

배추흰나비의 머리에서 꼬리까지의 길이는 2cm밖에 되지 않지만, 날개를 포함하면 앞날개의 길이만 3.6cm이고 좌우의 폭은 4.6cm나 돼요. 몸길이에 비해 엄청나게 크지요.

만약 몸길이가 인간 크기인 150cm로 변한다면 날개의 세로는 2.7m이고 가로는 3.45m로 거대해져요. 작은 방 정도는 가득 채울 만한 크기이지요. 몸길이 2cm인 배추흰나비가 150cm로 커지면 키는 75배 늘어나지만, 체중은 42만 1,875배(75×75×75) 무거워져요. 배추흰나비 성충의 무게가 0.1g이니까

배추흰나비
봄에 볼 수 있는 곤충이다.
노란색 배추흰나비는 꽃과 헷갈리기도 한다.

무려 42.2kg이 되지요. 날아오르기에 무겁지 않을까요? 하지만 이 같은 크기의 날개로 1초에 2번 날개를 퍼덕인다면 88kg의 비상력이 생겨 충분히 날아오를 수 있어요. 몸집이 75배 거대해져도 날 수 있다는 것은 배추흰나비의 날개가 정말 크다는 뜻이랍니다.

결론
방에서 키울 순 없지만, 몸이 무거워져도 거대한 날개로 날 수 있다!

곤충 정보 플러스+ 나비 번데기에는 특수한 물질이 있어서 인간의 간 치료에 도움을 줄 수 있다고 한다.

모두에게 사랑받는 나비!
배추흰나비의 비밀

배추흰나비 몸의 구조

- 약 1만 5,000개의 작은 눈이 모여 있는 겹눈
- 끝이 둥글게 부푼 2개의 더듬이
- 날개의 세로 폭은 몸통의 1.5배 이상이며 날개의 가로 폭은 몸길이의 2배 이상
- 인분(비늘 모양의 분비물)으로 빼곡히 뒤덮인 날개 표면

배추흰나비
크기: 25~30mm(날개 포함)
분포: 한국, 일본, 중국, 유럽, 북아메리카

날개를 뒤에서 본 모습

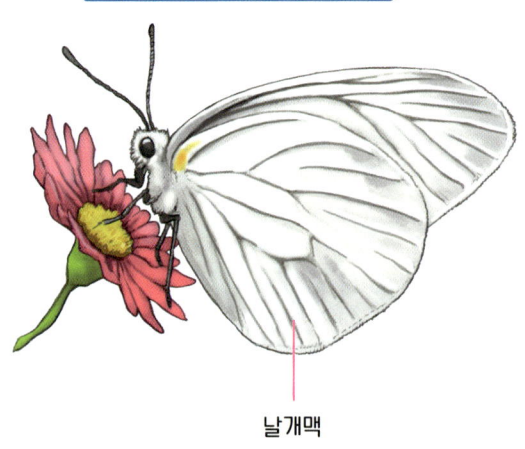

날개맥

크고 가벼운 데다 튼튼하기까지!

배추흰나비의 날개 무게는 0.1g이에요. 부채의 살처럼 매우 가벼운 날개맥으로 날개를 지탱하고 인분으로 빗물을 튕겨 날개를 보호하지요. 바람을 감지하는 센서도 달려 있답니다.

날개의 색깔과 냄새로 자신을 뽐내는 수컷

인간의 눈으로는 배추흰나비의 성별을 구분할 수 없지만 배추흰나비끼리는 가능해요. 인간은 볼 수 없는 자외선을 볼 수 있기 때문이에요. 이 자외선이 날개에 반사되면 수컷은 검은색으로, 암컷은 하얀색으로 보여요.

배추흰나비의 수컷은 날개에 있는 특수 비늘인 '발향린'에서 냄새를 풍겨요. 거무스름한 날개와 발향린의 냄새로 암컷을 유혹하는 것이지요.

3마리의 배추흰나비 중 거무스름하게 보이는 2마리는 수컷이고 가운데는 암컷이다. 수컷은 자외선을 반사하기 어렵고, 암컷은 반사하기 쉽다.

배추흰나비 애벌레는 엄청난 헤비급?

배추흰나비 애벌레는 1mm 정도의 알에서 몸길이 2mm로 태어나 4번의 탈피를 거쳐 최대 3cm까지 성장해 번데기가 돼요. 번데기가 되기 직전의 무게는 0.8g이지요. 이 애벌레가 75배나 커진다면? 길이 7.5cm의 알에서 몸길이 15cm로 태어나 4번의 탈피를 거쳐 최대 2m 25cm까지 성장해요. 무게는 무려 338kg이지요. 애벌레는 하루에 몸무게의 3배나 되는 양을 먹어 치워요. 하루에 최대 1t까지 먹는 것이지요. 1kg짜리 양배추 1,000통 분량인데, 1통이 3,000원이라면 하루 사료비만 300만 원이 드는 셈이에요.

무당벌레

폭식하는 푸드파이터!

애벌레와 성충 모두 육식성으로, 진딧물을 잡아먹는 칠성무당벌레!

진딧물은 밭작물을 망가뜨리는 해충이라 인간은 진딧물을 먹는 칠성무당벌레를 좋아해요. 하지만 방심해서는 안 돼요.
먹성이 어마어마한 애벌레는 하루에 진딧물 20마리, 성충은 하루에 진딧물 100마리를 잡아먹어요.

인간 크기로 변신한 곤충
칠성무당벌레
우리나라에서는 무당벌레류 중에서 가장 흔한 종이다.

몸길이 7mm인 칠성무당벌레가 몸길이 150cm가 된다면, 확대 비율은 214배예요. 몸길이 2mm의 진딧물은 몸길이 43cm로 커져요. 육상 동물 중에서는 산토끼, 바다 생물 중에서는 도미 정도의 크기인 셈이지요. 이런 먹이를 칠성무당벌레는 하루에

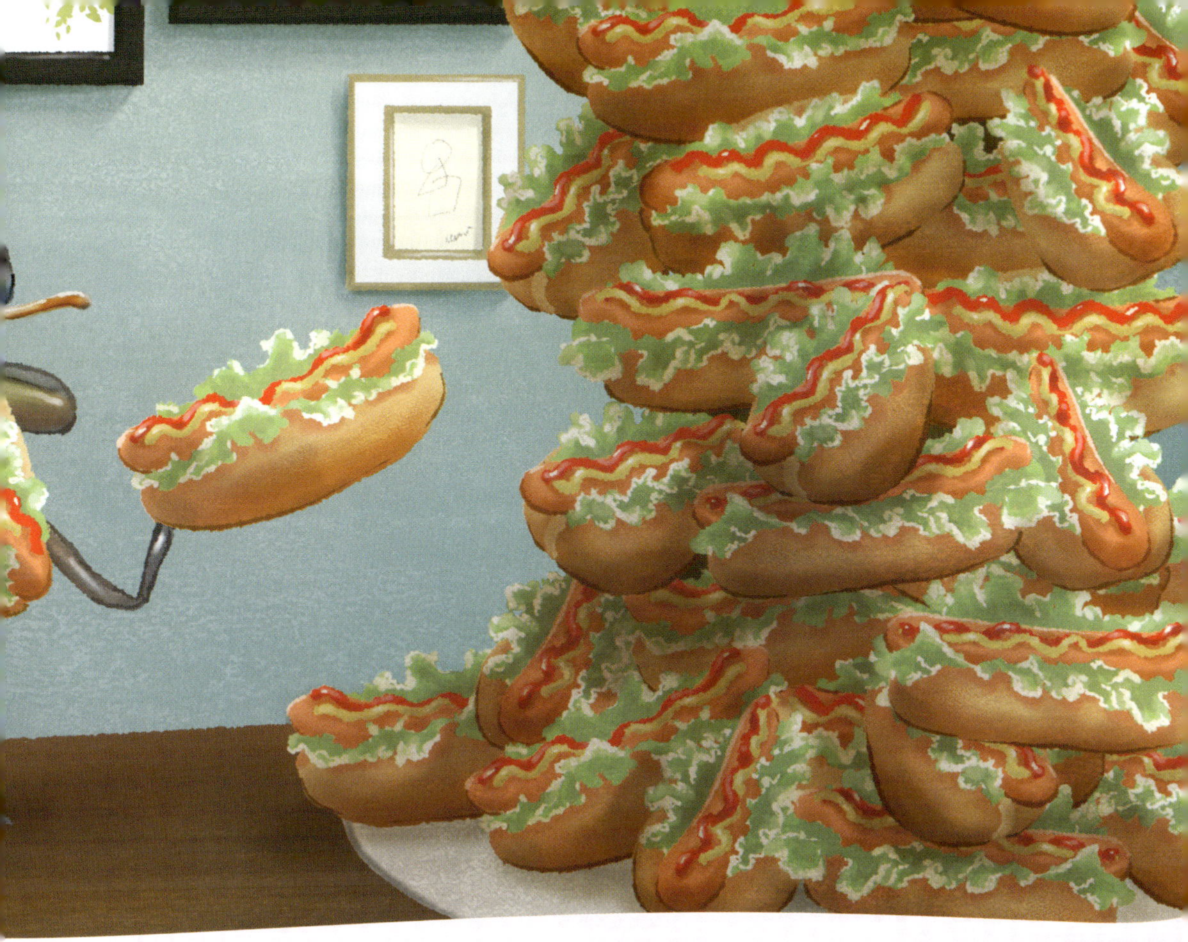

100마리나 먹는 것이에요.
그렇다면 인간 크기의 칠성무당벌레는 무엇을 먹을까요?
육식성이니 '설마 인간을 잡아먹는
건 아닐까?' 하는 걱정은 하시
않아도 돼요. 칠성무당벌레는
진딧물만 먹으니까요!

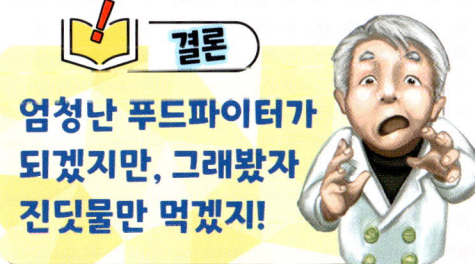

결론
엄청난 푸드파이터가 되겠지만, 그래봤자 진딧물만 먹겠지!

탄탄한 날개를 빠르게 접어 넣는 무당벌레의 기술을 응용한 우산 연구가 진행되고 있다.

색깔과 모양이 각양각색!
무당벌레의 비밀

칠성무당벌레 몸의 구조

- 붉은 앞날개에 7개의 검은 무늬가 있어서 칠성무당벌레라고 부른다.
- 단단한 앞날개 밑에 커다란 뒷날개를 접어 넣는다.
- 적에게 공격당하면 다리 관절에서 지독한 냄새가 나는 노란색 액체를 뿜는다.
- 발달한 큰턱으로 진딧물을 세게 물어뜯는다.

칠성무당벌레
크기: 성충 5~9mm
분포: 유럽, 아시아, 아메리카 북부

진딧물을 잡아먹는 고마운 무당벌레

무당벌레의 먹이는 진딧물이에요. 특히 칠성무당벌레는 다양한 진딧물을 잡아먹는 것으로 알려졌어요. 이러한 특징을 이용하여 무당벌레는 농작물 피해 없이 진딧물만 퇴치하는 생물 농약으로 이용되기도 해요.

무당벌레는 딸기, 가지 등 온실과 비닐하우스 등에서 생물 농약으로 사용되고 있다.

색깔과 무늬도 여러 가지! 종류가 다양한 무당벌레

무당벌레는 세계적으로 6,000여 종이 있어요. 그중에는 칠성무당벌레처럼 이름에 특징이 드러나는 종류도 있지요. 진딧물을 먹는 육식 무당벌레와 곰팡이를 먹는 균식 무당벌레는 인간에게 도움을 주는 익충이에요. 식물의 잎이나 열매를 먹는 초식 무당벌레는 작물까지 먹어서 해충으로 분류한답니다.

이름으로 점의 개수와 색깔을 알 수 있는 무당벌레

이십팔점박이 무당벌레 / 유럽무당벌레 / 열점박이 무당벌레 / 홍점박이 무당벌레 / 노랑 무당벌레

점의 개수 — 많다 ← → 적다

호기심 사전

쫓고 쫓기는 삼각관계!

개미는 육식 무당벌레가 진딧물을 잡아먹는 것을 방해해요. 진딧물의 엉덩이에서 나오는 단 즙을 얻어먹는 개미가 진딧물을 보호하는 것이지요. 만약, 인간 크기만큼 커진 이들이 싸움을 벌인다면? 몸길이 7mm인 칠성무당벌레가 150cm로 커지면 같은 비율로 몸길이 2mm의 진딧물은 43cm, 몸길이 5mm의 곰개미는 107cm가 돼요. 산토끼만 한 진딧물을 잡아먹으려고 덤비는 거대 칠성무당벌레에게 진돗개만 한 개미가 달려드는 것이지요. 칠성무당벌레를 도우려다가 개미의 공격에 당할지도 모르니 가만히 지켜보는 편이 좋겠지요?

특이한 능력을 지닌 곤충!
몸통이 바짝 말라도 살아 있다!

아프리카 깔따구 애벌레

수분이 없어도 죽지 않는 신비한 생태

곤충은 여름이나 겨울에 활동을 하지 않을 때가 있어요. 이를 '휴면'이라고 해요. 이 시기에는 발육과 성장이 늦어지거나 멈추기도 하지요. 보통 겨울에 휴면에 들어가는데, 기온이 낮고 해가 짧기 때문이에요. 하지만 아프리카 깔따구 애벌레는 건조해지는 공기 때문에 휴면에 들어가요. 사막의 반건조 지대에 사는 아프리카 깔따구는 몇 개월씩 비가 내리지 않는 건기에는 휴면하고 우기에 물이 몸에 닿으면 부활하지요.

휴면 중에는 체내 수분이 0%에 가까워요. 인간의 몸은 50~75%가 수분이고 체내에 수분이 사라지면 목숨을 잃어요. 그런데 17년이나 휴면 상태였던 아프리카 깔따구에 수분을 공급하자 움직였다는 사례가 있지요. 이러한 사례는 아프리카 깔따구가 유일하답니다.

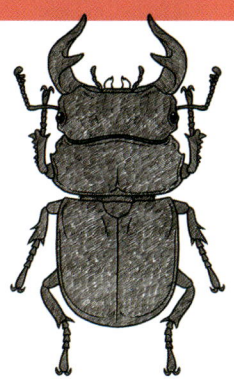
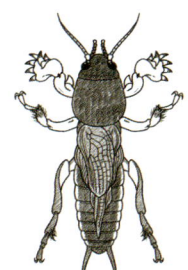

이야기 2

의외로 우리 주변에 많은 <mark>놀라운 곤충</mark>

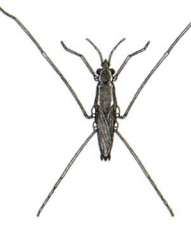

학교 마당이나 공원의 나무와 풀숲,

가까운 산과 숲, 물가에는 다양한 곤충이 살고 있어요.

그중에서도 비교적 널리 서식하고 있는

곤충의 놀라운 능력을 알아볼까요?

사슴벌레

자동차 본체를 관통하는 큰턱의 괴력!

큰턱 모양과 크기가 모두 다른 모습으로 전 세계에 존재하는 1,200여 종의 사슴벌레!

인도네시아에 서식하는 메탈리퍼가위사슴벌레는 몸길이 100mm의 절반 이상이 큰턱이에요. 동남아시아에 서식하는

그란디스왕사슴벌레의 턱 힘은 2.5kg이지요. 이 개체의 몸길이는 83mm이고 몸무게는 13g 정도예요. 즉, 자기 무게의 190배나 되는 턱 힘으로 움켜잡는 것이지요.
만약 그란디스왕사슴벌레가 인간 크기로 커진다면 큰턱의 힘은 얼마나 세질까요?

인간 크기로 변신한 곤충
그란디스왕사슴벌레
장수풍뎅이 못지않은 인기 곤충이다. 장수풍뎅이의 영원한 라이벌!

몸길이가 150cm로 커진다면 무게는 77kg이 되고, 턱 힘은 무려 15t이에요. 날카롭고 뾰족한 사슴벌레의 큰턱에 15t의 힘이 더해진다면? 자동차 정도는 쉽게 뚫어 버릴 거예요. 이렇게 위험한 사슴벌레를 인간이 포획할 수 있을까요?

결론
몸집이 커진 사슴벌레 곁에는 절대 가까이 가지 말자!

곤충 정보 플러스+ 사슴벌레는 빛을 향해 모여드는 성질이 있다. 이를 '주광성'이라고 한다.

멋진 사슴벌레의 뿔(큰턱)!

사슴벌레의 비밀

사슴벌레(수컷) 몸의 구조

넓적한 체형.
갈라진 나무 틈 사이로
몸통을 밀어 넣어
숨을 수 있다.

뿔 옆에 달린 눈.
보통은 검은색이지만,
드물게 흰색이나
적색일 때도 있다.

암컷을 두고 싸움을 벌이거나
자신의 영역을 지킬 때 상대 수컷을
2개의 뿔(큰턱)로 움켜쥐고 들어 올린다.

애벌레의 큰턱

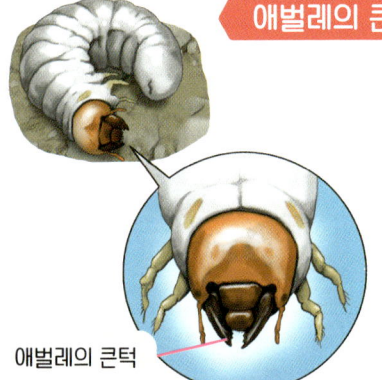

애벌레의 큰턱

장수풍뎅이 애벌레에는 뿔이 없고 번데기가
되고 나서야 뿔이 생긴다. 하지만 사슴벌레는
애벌레일 때부터 큰턱(뿔)이 발달한다.

왕사슴벌레
- 크기: 성충 27~77mm
- 분포: 한국, 중국, 일본

사슴벌레의 애벌레에는 뿔이 있다고?

장수풍뎅이처럼 사슴벌레도 뿔이 있어 보이지만, 사슴벌레의 뿔은 사실 큰턱이에요. 애벌레일 때는 큰턱을 이용해 썩은 나무를 먹고 성충이 되면 싸움 무기로 사용하지요.

다양한 모양의 큰턱을 지닌 사슴벌레

사슴벌레는 몸길이가 3~120mm로 다양하며, 큰턱의 모양도 각양각색이에요. 기라파톱사슴벌레는 기다란 큰턱 때문에 기린이라는 뜻의 라틴어 '기라파'라는 명칭이 붙었어요. 알키데스넓적사슴벌레는 탄탄한 몸통을 가졌고, 큰턱의 힘이 매우 세요. 1~2개월 정도 사는 장수풍뎅이 성충과는 달리, 사슴벌레는 1~2년 정도 살며 겨울잠을 잔답니다.

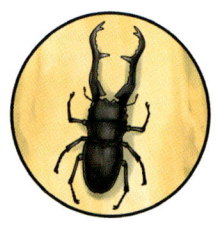

기라파톱사슴벌레
동남아시아에 분포. 인도네시아에서 발견되는 개체가 특히 대형이다.

알키데스넓적사슴벌레
인도네시아 수마트라섬에 서식. 턱이 긴 '장치형'과 짧은 '단치형'이 있다.

그란티남미사슴벌레
남아메리카에 서식. 수컷 몸길이는 33~90mm이며 큰턱이 몸길이의 절반에 가깝다.

뮤엘러리사슴벌레
오스트레일리아, 뉴기니섬에 분포. 반짝이는 몸통과 뒤집힌 모양의 큰턱이 특징이다.

사슴벌레 암컷은 무서워!

사슴벌레는 나무즙을 빨아 먹는 초식 동물이에요. 하지만 산란 전의 암컷은 다른 곤충의 체액을 빨아 먹거나 곁에 있는 사슴벌레 수컷의 다리를 먹어 치우기도 하지요. 산란에 필요한 단백질이 식물보다 동물에 더 많기 때문이에요. 즉 사슴벌레의 수컷은 초식, 암컷은 육식 곤충인 셈이지요. 사슴벌레가 인간의 크기만큼 커지면 수컷의 턱 길이는 30cm까지 커지지만, 암컷은 10cm 정도예요. 하지만 팔을 세게 물어 버리기에는 충분하지요. 잡아먹히지 않도록 조심해야겠죠?

땅강아지

앞다리로 대형 버스를 미는 강력한 손아귀!

습한 땅속에 구멍을 파고 들어가 서식하는 땅강아지!

구멍은 먹이를 찾기 위한 가로 구멍과 수면 방, 식사 방, 화장실 등이 있는 세로 구멍으로 나뉘어요.
이 엄청난 공사를 해내는 땅강아지의 앞다리는 삽처럼 생겼고, 힘도 세지요.
땅강아지의 앞다리는 약 100g 정도의 힘을 줄 수 있어요. 몸길이 3cm에 몸무게 0.7g이니까 몸무게의 140배나 되는 힘을 줄 수 있는 것이에요.
만약 땅강아지의 키가 150cm라면 몸무게는 87.5kg이고, 앞다리는 그 140배인 12.3t의 힘을 낼 수 있어요.

땅강아지
두더지와 귀뚜라미를 합체해 둘로 나눈 듯한 땅강아지를 보면 눈이 휘둥그레진다!

자동차가 브레이크를 밟고 있어도 거대 땅강아지가 밀면 아스팔트에서 반대로 주르륵 미끄러져요. 그러니까 거대 땅강아지는 브레이크를 밟고 있는 24.6t의 대형 관광버스를 12.3t의 힘을 낼 수 있는 앞다리로 밀어낼 수 있다는 뜻이지요.

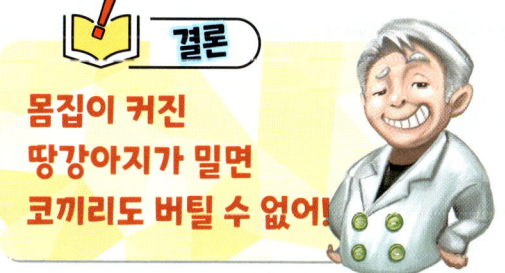

결론
몸집이 커진 땅강아지가 밀면 코끼리도 버틸 수 없어!

곤충 정보 플러스+

과거에는 '뚜르르' 우는 땅강아지의 독특한 울음소리를 지렁이의 울음소리라고 믿었다.

땅파기의 달인!
땅강아지의 비밀

땅강아지 몸의 구조

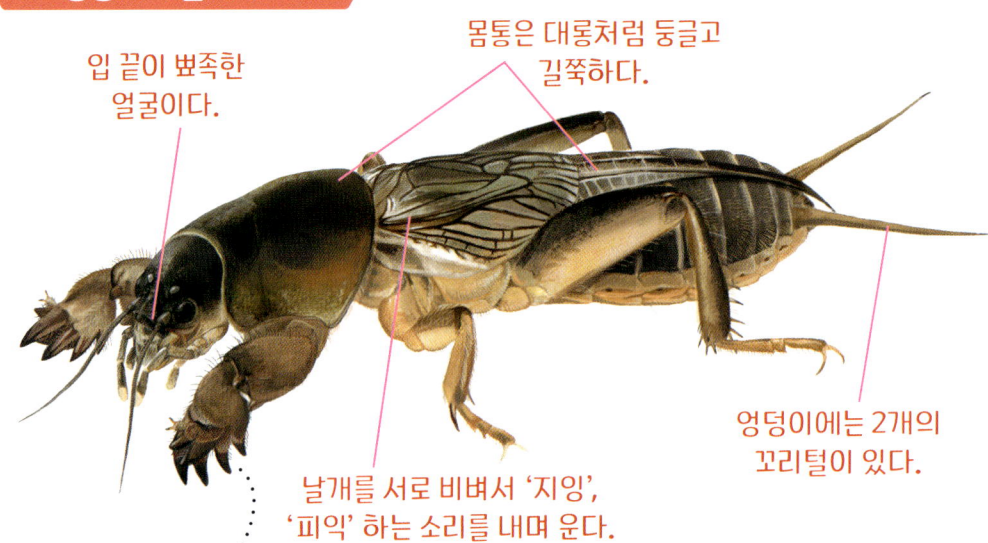

- 입 끝이 뾰족한 얼굴이다.
- 몸통은 대롱처럼 둥글고 길쭉하다.
- 엉덩이에는 2개의 꼬리털이 있다.
- 날개를 서로 비벼서 '지잉', '피익' 하는 소리를 내며 운다.

땅강아지의 앞발

땅강아지
- 크기: 성충 30~35mm
- 분포: 아시아, 아프리카, 오세아니아

두더지의 앞발

땅강아지와 두더지 모두 삽처럼 생긴 앞발로 흙을 파낸다.

두더지와 쏙 닮은 앞발과 체형

땅강아지는 앞발톱과 앞다리, 몸통, 얼굴 형태가 두더지와 닮았어요. 땅속에서 살기 편하게 진화된 것이지요. 이처럼 완전히 다른 두 생물이 각자 진화했지만, 환경에 따라 생김새가 비슷해지기도 한답니다.

땅강아지의 집은 집 안의 소리를 확대해 주는 메가폰

땅강아지에게 봄은 사랑의 계절이에요. 땅강아지 수컷은 땅속에서 소리를 내어 땅 위 암컷을 불러들여요. 땅강아지의 집은 내부에서 내는 소리를 크게 바꾸는 구조로 되어 있거든요. 땅강아지의 알은 탈피를 반복하며 가을에 성충이 돼요. 성충은 땅속에서 그대로 겨울을 보내며 2~3년간 살아가지요.

소리를 확대하는 방
땅 위의 암컷
둥근 방
땅속 구멍의 수컷
땅 위를 향해 뚫린 구멍

호기심 사전

엄청난 속도로 구멍을 파는 땅강아지!

땅강아지는 헤엄을 칠 수도 있고, 하늘을 날 수도 있어요. 벽이나 나무에 기어오를 수도 있지요. 하지만 가장 놀라운 재주는 구멍 파기예요. 1분에 20cm를 파 내려갈 수 있는데, 몸길이의 6.67배 깊이지요. 인간 크기라면 1분에 10m, 1시간이면 600m를 파 내려가는 거예요. 1시간에 3m를 파는 쉴드 머신(터널 파는 기계)보다 200배나 빠른 속도지요. 하지만 땅강아지에게도 약점은 있어요. 식욕이 왕성해서 나무나 풀뿌리, 지렁이와 곤충 등 무엇이든 먹어 치운다는 것이에요. 그래서 먹이를 찾지 못하면 하루 만에 목숨을 잃기도 해요.

벼룩

높이 150m까지 점프한다고?

**몸길이 2mm의 작은 몸으로
20cm나 점프하는 사람벼룩 수컷!**

벼룩은 몸길이의 100배나 되는 높이를 뛰어올라요. 만약 키 150cm인 인간 크기로 커진다면 점프 높이는 150m에 이르는 셈이지요. 이 정도라면 시속 195km로 땅을 박차고 뛰어올라 5.53초 후에 높이 150m까지 올라갔다가 11.6초 후에 시속 195km로 땅에 쿵 하고 착지할 수 있어요. 이 놀라운 광경을 가까이 가서 구경하고 싶겠지만, 너무 다가가지 않는 편이 좋아요. 원래 벼룩의 무게는 0.005g이지만 몸길이 150cm가 되면 2mm인 벼룩이 750배나 커져서, 무게는

벼룩

벼룩에게 피를 빨리면 무척 가렵다. 벼룩은 엄청난 점프력으로 유명하다.

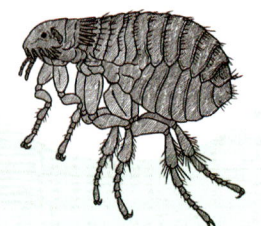

4억 2,000만 배(750×750×750)인 2.1t에 이르게 돼요. 승용차 2대의 무게이지요. 벼룩은 착지가 서툴러 머리나 등으로 떨어지기도 하는데, 만약 인간이 그 아래 깔리기라도 한다면? 벼룩이 하늘에서 착지하고 있을 때는 재빨리 도망쳐야 해요!

결론

점프력은 뛰어나지만, 매번 착지에 실패해서 위험해!

곤충 정보 플러스+ 비슷하게 생긴 곤충으로 진드기가 있지만, 진드기는 점프하지 못하고 붙어서 이동한다.

점프해서 달라붙기 작전!

벼룩의 비밀

벼룩 몸의 구조

벼룩의 다리에는 인간에게는 없는 '라이신'이라는 고무 상태의 단백질이 있어서 높이 점프할 수 있다.

등이 둥근 유선형 몸통이라 기생 중인 동물의 털 속에서 이동하기 쉽다.

벼룩
- 크기: 성충 1~4mm
- 분포: 전 세계

집게벌레의 뒷다리에 달라붙은 벼룩

벼룩은 집게벌레를 셔틀버스처럼 이용해 박쥐가 있는 곳까지 이동한다.

다른 곤충을 타고 이동하기!

말레이시아의 디어 동굴에 사는 벼룩은 박쥐에 기생(한 생물이 다른 생물에 붙어 영양분을 빼앗으며 살아가는 관계)해요. 하지만 박쥐가 매달린 천장까지 뛰어오를 수 없는 벼룩은 벽을 기어오르는 집게벌레에 붙어 천장까지 이동한 뒤 박쥐에게 접근하지요.

1억 5,000만 년 전 벼룩이 지금보다 더 컸다고?

지구에 사람이 살기 훨씬 전인 1억 5,000만 년 전부터 곤충들은 지구에 살고 있었어요. 벼룩도 그중 하나이지요. 공룡이 살던 쥐라기부터 백악기의 벼룩 화석이 중국에서 발견되었는데, 몸길이가 현재 벼룩 크기의 10배에 가까운 1.5~2cm였어요. 비록 지금의 벼룩처럼 점프하지는 못했지만, 갈고리 모양의 발톱으로 공룡에 달라붙어 대롱처럼 길쭉한 입을 공룡의 피부에 찔러 피를 빨았다고 해요. 공룡은 약 6,500만 년 전에 멸종됐지만, 벼룩은 몸집을 작게 진화하고 점프력을 키워 포유류나 조류에 기생해 살아남았답니다.

벼룩의 화석

중국에서 발굴된 벼룩 화석

흡혈귀처럼 피를 빠는 무서운 벼룩

사람벼룩의 수컷 몸길이는 2mm이고, 암컷은 3mm예요. 암컷이 1.5배 더 크지요. 수컷의 몸길이가 150cm라면, 암컷은 225cm가 돼요. 수컷의 몸무게가 2.1t이라면, 암컷의 몸무게는 3.375배(1.5×1.5×1.5)로 7.1t이 되지요. 벼룩은 포유류나 조류의 피를 빨아요. 하루에 자기 몸무게의 5분의 1 정도의 피를 빨아 먹지요. 즉 벼룩이 인간만 해지면 수컷은 420kg, 암컷은 1,420kg의 피를 빠는 것이에요. 성인 남성 한 명의 혈액이 5kg 정도이므로 수컷은 84명, 암컷은 284명의 피를 빤다는 뜻이지요. 정말 무서운 존재예요.

폭탄먼지벌레

위험! 100°C의 독가스 발사!

위험을 느끼면 엉덩이에서 엄청나게 지독한 독가스를 분사하는 폭탄먼지벌레!

폭탄먼지벌레가 내뿜는 독가스의 온도는 100°C를 넘고, 몸길이의 4배 거리까지 도달해요. 발사 방향도 자유롭게 바꿀 수 있지요. 연속 발사도 가능한데, 29번 연달아 발사했다는 기록도 있어요. 이 독가스가 인간의 피부에 닿으면 화상을 입을 수 있고, 눈에 들어가면 실명 위험도 있어요. 만약 약 1.6cm 크기의 폭탄먼지벌레가 인간만큼 커진다면 어떻게 될까요? 몸길이가 1.5m로 커지면 독가스의 발사 거리는 6m가 돼요. 교실에서 거대

인간 크기로 변신한 곤충

폭탄먼지벌레
방귀벌레라고도 불린다. 비교적 여기저기에서 보이지만, 만지는 것은 조심하자.

폭탄먼지벌레가 독가스를 뿜는다고 상상해 볼까요? 100℃나 되는 지독한 냄새의 독가스가 29번 연속 발사되면 교실에 있는 모두가 독가스를 마시게 될 거예요. 그러니 거대 폭탄먼지벌레를 발견하면 뒤도 돌아보지 말고 도망쳐야 해요!

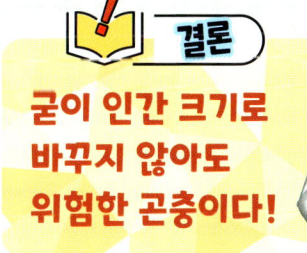

결론
굳이 인간 크기로 바꾸지 않아도 위험한 곤충이다!

곤충 정보 플러스+ 먼지벌레의 가스 분사 방법은 사실 로켓의 발사 방법과 같은 원리이다.

왜 '먼지'라는 이름이 붙었을까?

먼지벌레의 비밀

폭탄먼지벌레 몸의 구조

- 독의 존재를 적에게 알리는 노랑과 검정의 경계색
- 엉덩이에서 고온의 독가스를 내뿜는다. 엉덩이 각도를 바꾸며 모든 방향으로 뿜을 수 있다.
- 큰턱으로 작은 벌레를 잡아먹는다.

먼지벌레 종류 ①

풀색먼지벌레
몸길이는 14~15㎜, 주로 작은 벌레를 먹는다.

둥글먼지벌레
몸길이 7.5~10㎜, 식물 잎사귀나 열매를 먹는다.

큰조롱박먼지벌레
몸길이는 15~20㎜, 사슴벌레처럼 발달한 큰턱이 특징이다.

폭탄먼지벌레
- 크기: 성충 11~18㎜
- 분포: 남극 대륙을 제외한 모든 나라

먼지벌레 이름의 유래

우리나라에서는 위험에 빠지면 먼지를 일으킬 정도로 빠르게 이동한다고 해서 '먼지벌레'라는 이름이 붙었어요. 일본에서는 쓰레기를 좋아하는 다른 벌레를 잡아먹는다고 하여 '쓰레기벌레'라고 부른답니다.

전 세계에 수만 종이 분포하는 먼지벌레

먼지벌레는 전 세계에 2만 종에서 4만 종이 존재한다고 해요. 색깔과 모양, 크기가 모두 다양해서 사슴벌레처럼 큰턱을 가진 종류도 있고, 바이올린과 비슷한 모양을 가진 종류도 있어요. 붉고 검은 두 가지 색깔 몸통이거나 청록색인 종류도 있지요. 몸길이도 몇 mm~몇 cm에 이르기까지 다양해요. 먹이 또한 종류에 따라 달라요. 농작물을 해치는 작은 벌레를 잡아먹어 익충으로 분류되는 종류도 있고, 작물을 먹어 치워서 해충으로 분류되는 종류도 있어요.

먼지벌레 종류 ②

십자무늬먼지벌레
몸길이는 4~5mm, 북아메리카가 원산지이다.

플라니페니스 대왕먼지벌레
동남아시아에 서식하며 붉은 테두리가 특징이다.

바이올린딱정벌레
몸길이 5~10cm, 동남아시아 밀림에 사는 먼지벌레 일종이다.

진화론을 뒤흔든 놀라운 진화!

폭탄먼지벌레는 어떻게 이토록 지독한 가스를 뿜어낼 수 있을까요? 이 곤충의 복부 끝에는 두 개의 공간이 있어요. 첫 번째 방에는 하이드로퀴논과 과산화수소(두 가지 다 무해한 액체)가 있는데, 몸에 위험을 느끼면 판이 열리면서 두 번째 튼튼한 방으로 보내져요. 이때 산소가 더해지면서 두 물질은 벤조퀴논이라는 독가스와 수증기로 변해요. 이때 발생하는 열에 의해 팽창한 독가스가 분사되는데, 거기에 근육의 힘까지 더해져 더욱 강력하게 뿜어내는 것이지요. 마치 세계 정복을 꾀하는 조직이 만들어 낸 생물 병기 같은 존재예요.

잠자리

1.2km 떨어진 곳의 작은 움직임도 놓치지 않는 시력!

빛을 감지하는 홑눈, 모양과 색깔을 구분하는 겹눈이 있는 곤충의 눈!

잠자리의 겹눈은 작은 낱눈이 모인 눈으로, 그 개수가 1만~3만 개나 돼요. 겹눈은 얼굴 대부분을 뒤덮고 있어서 거의 모든 방향을 볼 수 있어요. 뒤에서 몰래 다가가도 잠자리는 이미 다 보고 있는 것이지요.

인간 크기로 변신한 곤충
밀잠자리
몸통의 색깔이 누렇게 익은 밀과 같은 색이어서 붙은 이름이다.

잠자리는 위쪽 낱눈으로 날아가는 방향을 정하고, 아래쪽 낱눈으로 먹잇감을 찾아요. 물체의 움직임을 포착하는 능력이 뛰어나 40m 떨어진 곳에 있는 작은 벌레의 움직임도 놓치지 않지요. 밀잠자리 몸길이가 5cm 정도니까 자기

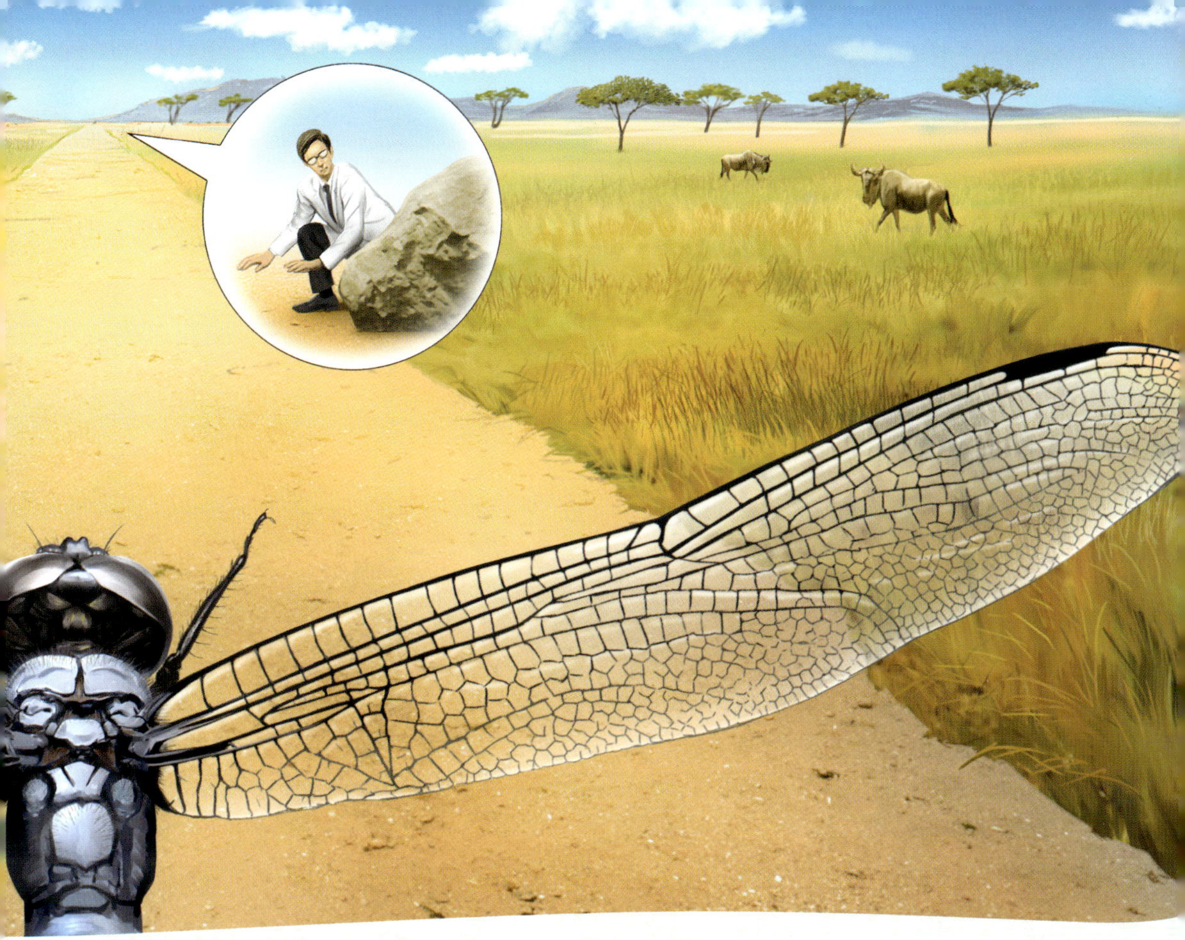

몸길이의 800배나 떨어진 곳의 움직임을 알 수 있는 것이에요. 그런데 만약 밀잠자리가 150cm로 커진다면? 1.2km나 떨어져 있는 인간을 찾아낼 수 있어요. 잠자리는 육식을 하며, 비행 속도도 빨라요. 그러니 거대 잠자리가 나타나면 절대 움직이지 마세요!

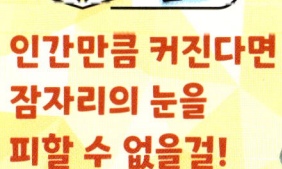

결론
인간만큼 커진다면 잠자리의 눈을 피할 수 없을걸!

날개에 잔뜩 돋은 작은 가시로 세균을 찾아내 파괴하는 항균 기능을 가진 잠자리가 있다.

엄청난 눈을 가진 잠자리!
잠자리의 비밀

밀잠자리 몸의 구조

수컷은 성충이 되면 몸에 소금을 뿌린 듯한 하얀 가루가 생기면서 은근한 푸른 빛이 돈다.

밀잠자리의 날개는 투명하다. 같은 종류인 큰밀잠자리는 날개 달린 곳에 검은 무늬가 있다.

앞다리를 접고 가운뎃다리와 뒷다리 4개로 설 수 있다.

밀잠자리
- 크기: 성충 50~55mm
- 분포: 한국, 중국, 일본, 타이완

빛을 감지하고 위아래를 판단하는 홑눈

잠자리는 낮에 활동하기 때문에 홑눈으로 빛이 내리쬐는 방향, 즉 태양의 방향을 판단해요. 그래서 햇빛을 차단한 상자에 잠자리를 넣고 상자 밑에서 빛을 비추면 태양이 밑에 있다고 착각한 잠자리가 배를 위로 향한 채 배면 비행을 해요.

잠자리의 얼굴과 눈

겹눈
작은 낱눈이 1만~3만 개 모여 있다.

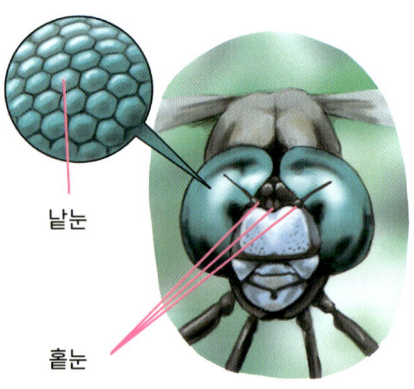

낱눈
홑눈

빛이 오는 방향을 '위'로 판단한다.

'잠자리의 나라'로 불렸던 옛 일본

일본의 오래된 역사책인 《고지키》나 《일본서기》에는 '아키쓰시마'라는 지명이 나와요. 이것은 일본을 가리키는 말로, '아키쓰'란 잠자리의 옛 명칭이지요. 즉 일본을 '잠자리의 나라'라고 불렀던 것이에요. 현재 일본에는 200여 종의 잠자리가 서식하고 있답니다.

색깔이 다양한 잠자리

여름좀잠자리: 수컷은 몸 전체가 빨갛게 변한다.

왕잠자리: 몸통은 작지만, 비행 능력이 뛰어나다.

알락실잠자리: 더듬이가 6마디인 것이 특징이다.

검은물잠자리: 한국, 일본, 중국 등에 분포한다.

호기심 사전

고도 11만m의 산을 오르는 잠자리

고추좀잠자리는 더위에 약해서 고도 약 3,000m 높이의 서늘한 산에서 여름을 보내고 가을이 되면 평지로 돌아와요. 3,000m는 몸길이 4cm인 고추좀잠자리보다 7만 5천 배나 되는 길이예요.
만약 고추좀잠자리가 150cm로 커진다면 112.5km(11만 2,500m)나 되는 산을 오르는 것이지요(이렇게 높은 산은 없어요).
고추좀잠자리는 여름에 산 벌레를 잡아먹고 7~8월에 몸무게가 2~3배로 불어나요. 몸무게 40kg인 사람이 여름에 산에 올랐다가 80~120kg으로 불어나 내려오는 셈이에요.

흰개미

여왕개미의 수명은 무려 420년!

여왕과 촬영회

흰개미는 개미와 마찬가지로 무리 지어 생활하는 사회성 곤충!

흰개미는 개미와 같은 일종 같지만, 사실 바퀴벌레 일종이에요(개미는 벌의 일종). 그래서 서로 다른 면이 있지요. 개미 무리에는 여왕과 일개미가 있어요. 일개미는 모두 암컷이며, 수컷은 여왕이 알을 낳을 때만 나타나지요. 반면 흰개미 무리에는 여왕, 왕, 부여왕, 부왕, 약충(미래의 왕, 여왕), 일개미, 병정개미가 있어요. 여왕과 왕 이외에 수컷과 암컷도 있지요. 놀라운 점은 여왕과 왕의 수명이에요. 흰개미의 여왕과 왕은 10년을 넘게 살아요.

흰개미(여왕)
집의 목재를 갉아 먹는다.
너무 많이 먹어서
집이 무너지기도 한다는데?

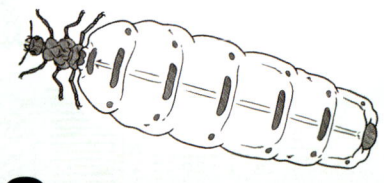

여왕의 일생

여왕 즉위식

여왕 탄생

일개미의 수명이 2년 정도이니 무려 5배나 오래 사는 것이지요. 만약 흰개미의 수명을 인간에게 적용한다면 어떻게 될까요? 한국인의 평균 수명은 83세(남성 80세, 여성 86세)예요. 일개미의 수명을 84세라고 하면, 여왕의 수명은 420세나 된답니다.

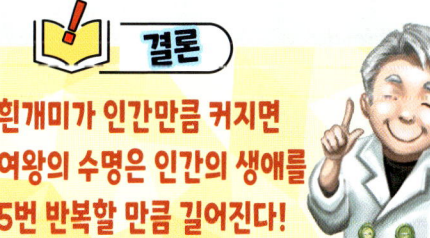

결론

흰개미가 인간만큼 커지면 여왕의 수명은 인간의 생애를 5번 반복할 만큼 길어진다!

흰개미는 겨울잠을 자지 않고 일 년 내내 활동한다. 주로 죽은 식물을 먹는다.

나무를 갉아 먹는다고?
흰개미의 비밀

흰개미(여왕) 몸의 구조

처음부터 배가 큰 것은 아니다. 계속해서 알을 낳는 사이에 점점 커지는 것이다.

여왕의 임무는 알을 낳는 것이다. 항상 알을 낳아서 배가 크게 부풀어 있는 독특한 모습을 하고 있다. 여왕은 1년에 1,000개의 알을 낳는다.

가슴과 머리 부분은 다른 흰개미와 같다. 흰색 외에도 검은색이나 갈색 흰개미도 있다.

흰개미
- 크기: 여왕 11~40mm, 일개미 3.5~7mm
- 분포: 한국, 일본, 중국 등

흰개미의 주식인 셀룰로스

흰개미의 먹이는 식물에 포함된 셀룰로스라는 성분이다. 쓰러진 나무 등을 먹어 흙으로 되돌리므로 숲을 보호하는 역할을 한다.

여왕개미에게는 밥도 배달식으로!

일개미가 먹이를 운반하고 집을 지키는 동안에도 여왕개미는 방에서 나오지 않아요. 여왕개미는 계속해서 알을 낳기 때문에 먹이도 다른 개미가 가져다주고, 낳은 알은 다른 개미가 보살핀답니다.

제각기 다른 역할을 담당하는 흰개미

알에서 나온 애벌레는 일개미와 약충, 병정개미 중 하나가 돼요. 일개미는 성장이 멈춘 암컷과 수컷 흰개미로, 먹이를 옮기거나 알과 애벌레를 돌봐요. 병정개미는 집을 지켜요. 미래에 여왕이 될 약충은 생식할 수 있는 몸으로 성장해 부여왕, 부왕이 되거나 집을 떠나 새로운 흰개미 무리의 여왕이 되기도 해요.

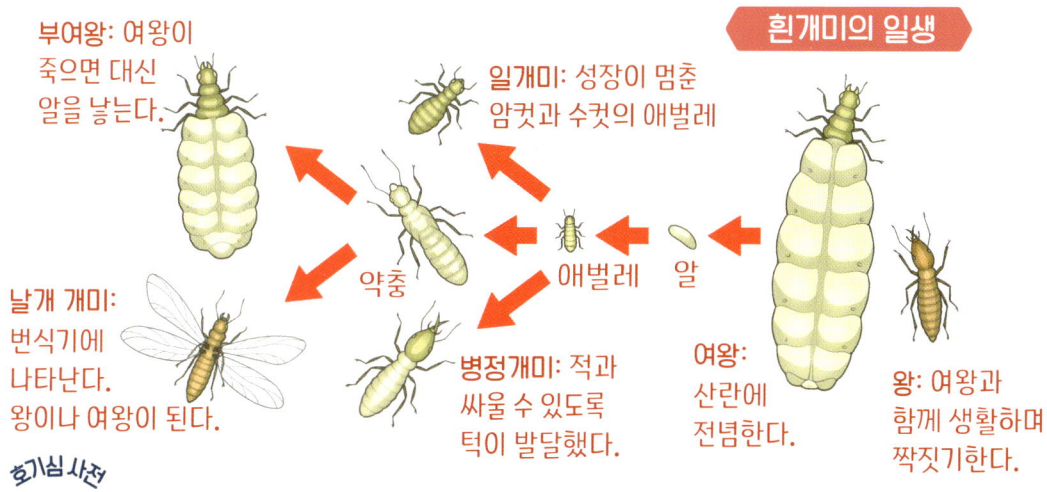

흰개미의 일생

부여왕: 여왕이 죽으면 대신 알을 낳는다.
일개미: 성장이 멈춘 암컷과 수컷의 애벌레
날개 개미: 번식기에 나타난다. 왕이나 여왕이 된다.
약충
애벌레
알
병정개미: 적과 싸울 수 있도록 턱이 발달했다.
여왕: 산란에 전념한다.
왕: 여왕과 함께 생활하며 짝짓기한다.

호기심 사전

상상 이상으로 거대한 여왕개미!

일반적으로 여왕개미는 몸집이 커요. 예를 들어, 곰개미의 일개미는 몸길이가 5mm 전후이고 여왕은 10mm로 일개미보다 2배 크지요. 흰개미 무리의 여왕은 차원이 달라요. 집흰개미의 일개미는 몸길이가 6mm인데 여왕은 40mm로, 7배 정도 커요. 집흰개미를 인간에게 대입해 볼까요? 몸길이 6mm인 일개미가 몸길이 150cm로 커지면 여왕의 몸길이는 무려 10m가 돼요. 3층 건물 높이만큼 커지지요. 여왕개미에게 대드는 건 상상도 못 할 일이겠지요?

반딧불이

눈이 부셔서 쳐다볼 수조차 없는 불빛!

**기름값을 아끼려고 반딧불이를 모아
그 불빛으로 공부를 했던 옛날 사람들!**

반딧불이 불빛이 책을 볼 수 있을 정도로 밝을까요? 반딧불이 한 마리는 3㎝ 안에서 2럭스로 빛나요. 책을 읽으려면 500럭스가 필요한데, 반딧불이를 넣은 봉지를 책상에서 30㎝ 높이에 두고 비추려면 봉지 안에는 2만 5천 마리의 반딧불이를 넣어야 하지요.
만약 인간 크기인 반딧불이가 있다면 어떨까요? 반딧불이 몸길이는 1.5㎝예요. 150㎝로 커지면 확대 비율은 100배가 되지요. 그럼 발광 물질도 100만 배(100×100×100)가 돼요. 이러한 반딧불을 책상에서 30㎝ 떨어진 곳에 둔다면 밝기는 무려 2만 럭스에 이르게 되지요. 너무 밝아서 눈을 못 뜨겠는데요?

인간 크기로 변신한 곤충
반딧불이
로맨틱한 장면에서
큰 활약을 하는 곤충계의
보기 드문 존재!

반짝반짝 빛나는 신기한 곤충!
반딧불이의 비밀

반딧불이 몸의 구조

- 앞날개 밑에 뒷날개를 접어 넣는다. 습도가 높은 밤에 주로 날아다닌다.
- 머리 위에 검은 선이 있다. 애반딧불이의 검은 선 폭이 반딧불이보다 넓다.
- 밤에 활발히 활동할 수 있도록 커다란 눈(겹눈)을 가졌다.
- 엉덩이에 발광기(빛나는 부분)가 있다. 암컷의 빛은 수컷보다 약하다.

반딧불을 내는 방법

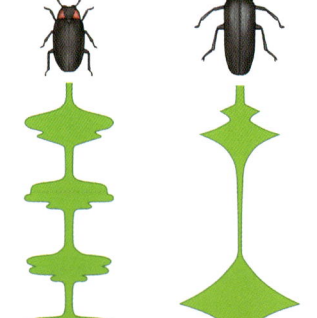

- 히메반딧불이: 카메라 플래시처럼 깜박인다.
- 애반딧불이: 반짝이는 간격이 반딧불이보다 짧다.
- 반딧불이: 반짝이는 간격이 길다.

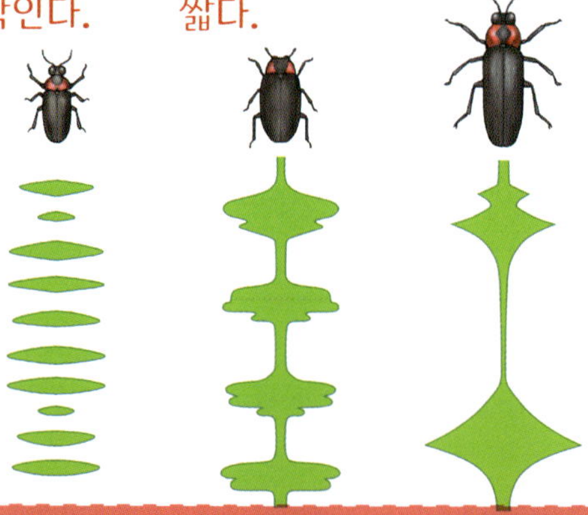

반딧불이
- 크기: 성충 15~20mm
- 분포: 한국, 일본

종류에 따른 발광 방식의 차이

반딧불은 수컷과 암컷이 만나기 위한 신호예요. 반딧불이는 발광 시간이 길고, 애반딧불이는 짧은 간격으로 반짝였다 꺼지는 것을 반복해요. 히메반딧불이는 강한 빛을 번쩍번쩍 내뿜어요.

빛의 색깔을 바꾼 반딧불이의 생존 전략

어둠 속에서 빛을 내면 눈에 잘 띄어 다른 동물에게 잡아먹힐 위험이 커져요. 그런데 반딧불이의 조상은 붉은빛보다 눈에 잘 띄는 녹색 빛으로 변화하고 체내에 독을 가질 수 있도록 진화했어요. 다른 동물에게 자신은 독을 지녔다는 것을 알려 피하게 만드는 생존 전략이었지요.
다른 동물에게 잡아먹힐 걱정이 없어진 반딧불이는 수컷이 암컷에게 자신을 뽐내는 수단으로 반딧불을 사용하게 되었고, 더욱 눈에 띄는 노란 빛으로 바뀌었어요.

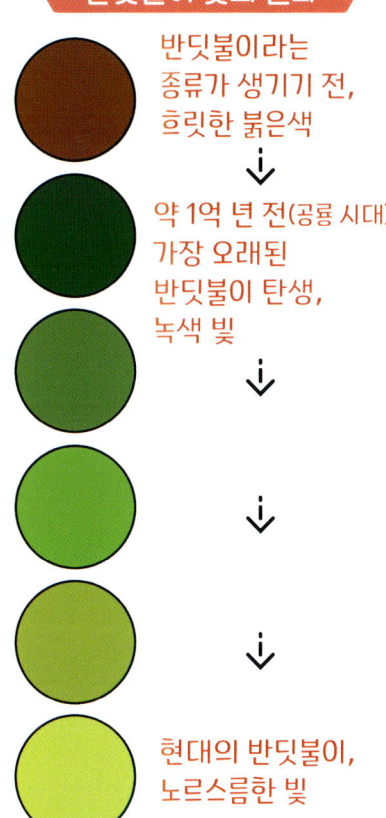

반딧불이 빛의 진화

반딧불이라는 종류가 생기기 전, 흐릿한 붉은색
↓
약 1억 년 전(공룡 시대) 가장 오래된 반딧불이 탄생, 녹색 빛
↓
↓
↓
현대의 반딧불이, 노르스름한 빛

호기심 사전

반딧불이의 애벌레가 위험하다고?

반딧불이는 알과 애벌레, 번데기일 때도 반짝여요. 반딧불이 중 한 종류는 애벌레로 9개월을 살다가 성충이 되면 1~2주밖에 살지 못해요. 그래서 성충의 빈딧불도는 1년에 7~14일만 공부할 수 있지요. 그럼 애벌레의 빛으로 공부해 볼까요? 애벌레는 다슬기를 잡아먹어요. 물어서 마비시킨 뒤 소화액을 주입해 살을 녹여 빨아 먹지요. 성충의 몸길이는 1.5cm이고 애벌레는 2.5cm예요. 성충이 150cm로 커지면 애벌레는 250cm가 되지요. 이 엄청난 크기의 애벌레가 사람을 물어서 소화액을 주입해 살을…? 생각만 해도 정말 끔찍해요!

소금쟁이

사람이 탈 수 있는 거대 소금쟁이!

소금쟁이는 어떻게 물 위를 걸을 수 있을까?

소금쟁이는 입에서 나오는 기름을 다리 끝에 난 가느다란 털에 발라요. 기름은 물에 섞이지 않고 물 위에 뜨려는 성질, 즉 표면 장력(액체의 표면이 스스로 수축하여 가능한 한 작게 만들려는 힘)과 부력(위로 뜨려는 힘)이 소금쟁이를 수면에 떠 있게 하지요. 두 가지 힘이 합쳐지면 몸무게의 20배를 버틸 수 있어요.

왕소금쟁이 몸길이는 2.5㎝이고 몸무게는 0.04g이에요. 만약 인간 크기인 150㎝만큼 커지면 원래 몸길이보다 60배 커지므로 몸무게는

인간 크기로 변신한 곤충
소금쟁이
사용하지 않는 수영장에서 어느새 헤엄치고 있는 신기한 곤충!

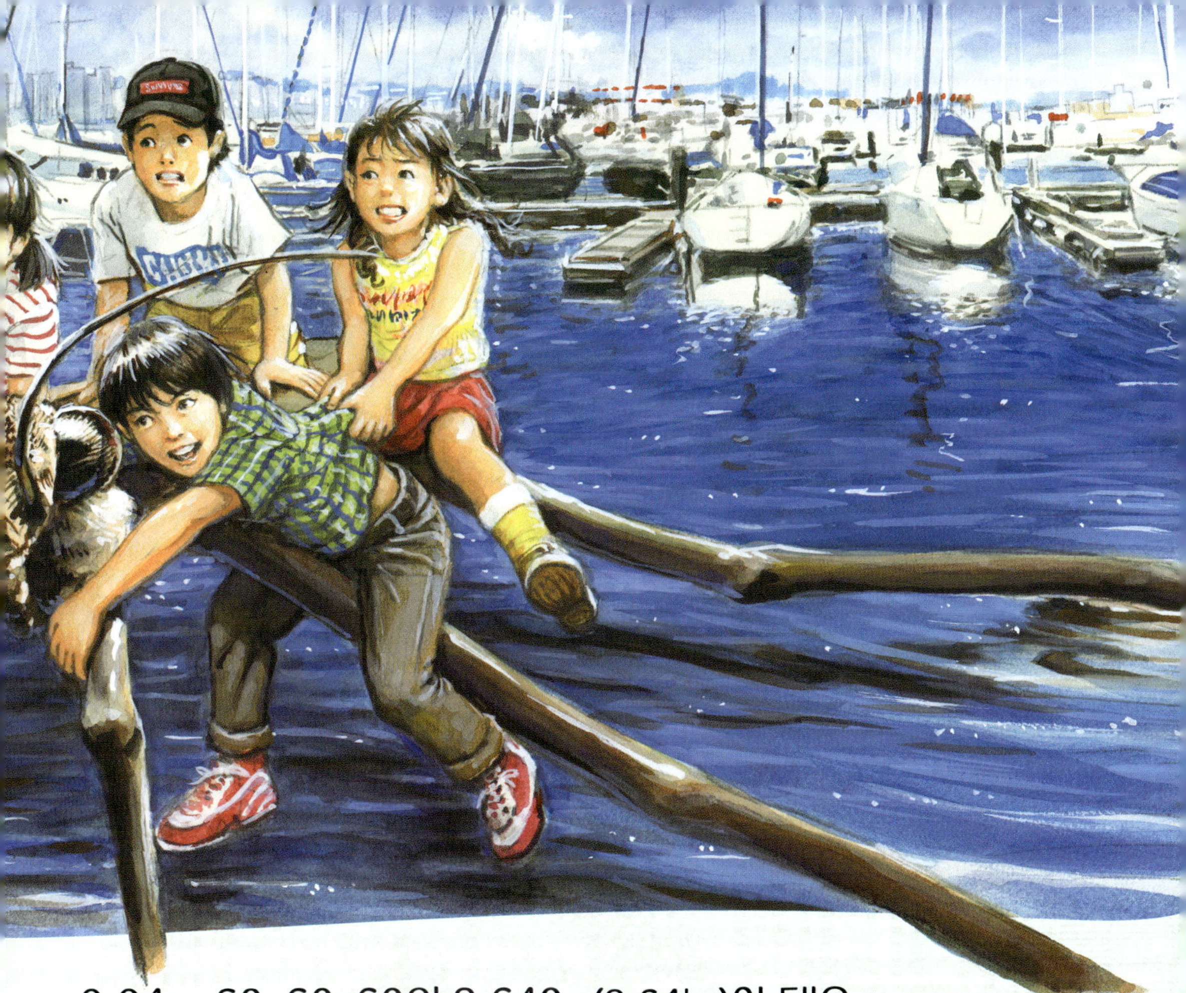

0.04g×60×60×60인 8,640g(8.64kg)이 돼요.

인간과 같은 크기가 되어도 10kg이 넘지 않지요. 하지만 물 위에 뜨는 힘은 체중의 20배인 173kg에 이르러요. 이것은 체중 40kg인 초등학생을 네 명이나 태울 수 있는 힘이랍니다.

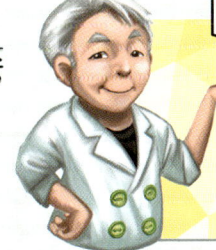

결론

만약 소금쟁이가 거대해진다면 한번 타 보고 싶은걸?

곤충 정보 플러스+ 소금쟁이처럼 수면에서 움직이는 로봇이 연구되고 있다. 수질 조사에 도움이 될 것이다.

물 위를 미끄러지는 곤충!
소금쟁이의 비밀

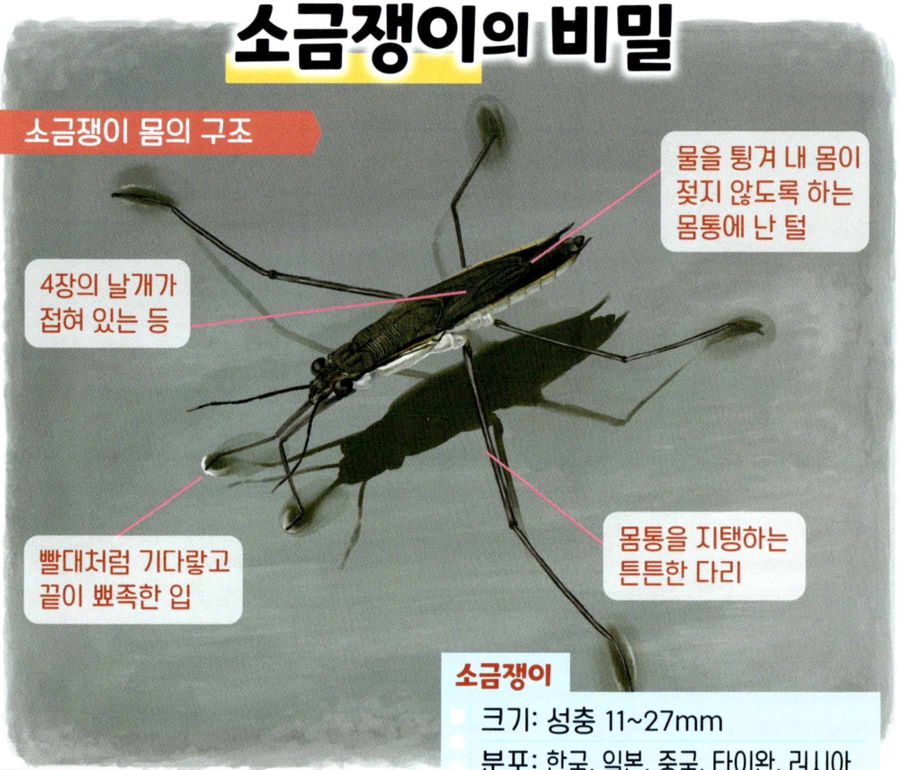

소금쟁이 몸의 구조

- 물을 튕겨 내 몸이 젖지 않도록 하는 몸통에 난 털
- 4장의 날개가 접혀 있는 등
- 빨대처럼 기다랗고 끝이 뾰족한 입
- 몸통을 지탱하는 튼튼한 다리

소금쟁이
- 크기: 성충 11~27mm
- 분포: 한국, 일본, 중국, 타이완, 러시아

소금쟁이가 물에 뜨는 원리

물 분자가 서로 끌어당긴다.

표면 장력을 이용해 물에 뜨는 소금쟁이

물은 물 분자로 이루어져 있어요. 물 분자는 서로 끌어당겨 표면을 작게 만드는 힘이 있지요. 이 표면 장력 때문에 물에는 '수면'이라는 막이 생겨요. 소금쟁이가 물에 뜨는 것은 이 막 위에 서 있기 때문이에요. 기름이 묻은 소금쟁이의 다리가 수면을 밀어낸 결과이지요.

물결로 대화를 나누는 소금쟁이

소금쟁이는 스스로 파도를 일으킬 수 있어요. 앞다리와 가운뎃다리, 뒷다리로 각각 다른 파도를 일으켜 자신의 영역을 주장하거나 상대와의 거리를 유지하는 등 파도를 신호로 사용해 동료와 의사소통을 하지요. 또한 수컷이 파도를 보내면 그 파도를 감지한 암컷이 파도를 되돌려 보내 사랑할 상대를 선택해요. 짝짓기 후에 수컷은 파도를 이용해 암컷을 산란 장소로 유인하지요.

수컷이 암컷에게 보내는 파도

소금쟁이의 구애 모습. 수컷은 다리를 진동시켜 촘촘한 파도를 만든다.

호기심 사전

물에 빠지면 소금쟁이가 출동!

소금쟁이는 물 위에 떠서 무엇을 할까요? 정답은 바로, 식사! 소금쟁이 다리 끝에 난 감각털은 매우 민감해서, 바람이나 물의 흐름으로 생긴 파도와 먹잇감이 수면에 떨어져 생긴 파도의 차이를 구분해 내요. 물에 떨어진 먹잇감이 허우적대며 파도를 일으키면, 그 파도를 감지하고 가까이 다가가 바늘 같은 입을 찔러 체액을 빨아 먹지요. 만약, 헤엄치고 있을 때 인간만큼 거대해진 소금쟁이가 날아오면 절대 파도를 일으켜서는 안 돼요. 체액을 쭈욱쭈욱 빨릴지도 모르니까요!

소금쟁이

올라타면 시속 360km로 폭주한다!

인간만큼 커진 소금쟁이 등 위에 올라타 볼까?

소금쟁이가 미끄러지듯이 기분 좋게 움직일 거라 생각했다면 큰 착각이에요.
소금쟁이는 몸길이가 1.5cm예요. 이렇게 작은 몸으로 1초에 1m를 이동하지요.
만약 소금쟁이가 인간만큼 커진다면 어떻게 될까요?

인간 크기로 변신한 곤충
소금쟁이
몸에서 달콤한 냄새가 나서 '엿장수'라고 불리기도 한다.

몸길이가 150cm로 커지면 그 확대 비율은 100배예요. 헤엄치는 속도 역시 몸길이에 비례해 초속 100m가 되지요. 이는 시속 360km로, KTX 최고 시속인 305km보다 빠른 속도예요.
이렇게 빠른 소금쟁이에 올라타면

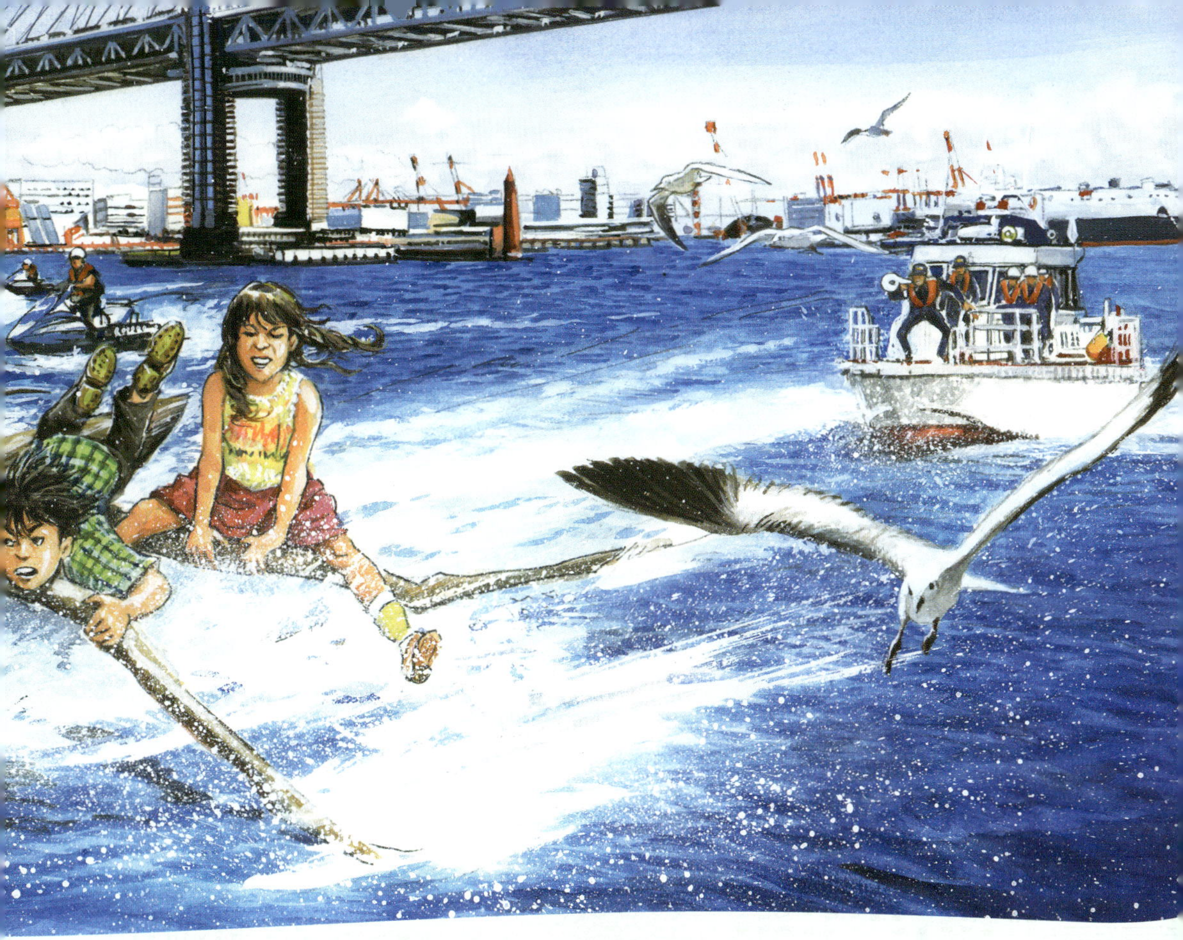

전방에서 초당 풍속 100m의 바람이 몰아치고 240kg이나 되는 바람의 힘이 몸을 누를 거예요. 그럼 튕겨 나가 수면에 풍덩 빠지고 말겠죠?
소금쟁이는 물에 떨어진 곤충의 체액을 빨아 먹어요. 그런데 만약 사람이 물에 떨어진다면?

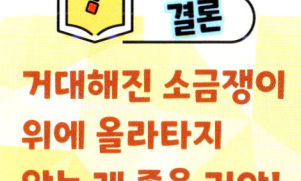

결론
거대해진 소금쟁이 위에 올라타지 않는 게 좋을 거야!

 초당 풍속 20m면 어린아이가 날아갈 정도이다. 초당 50m이면 나무가 뿌리째 뽑힌다.

소금쟁이 애벌레는 어디에 있을까?

소금쟁이의 비밀

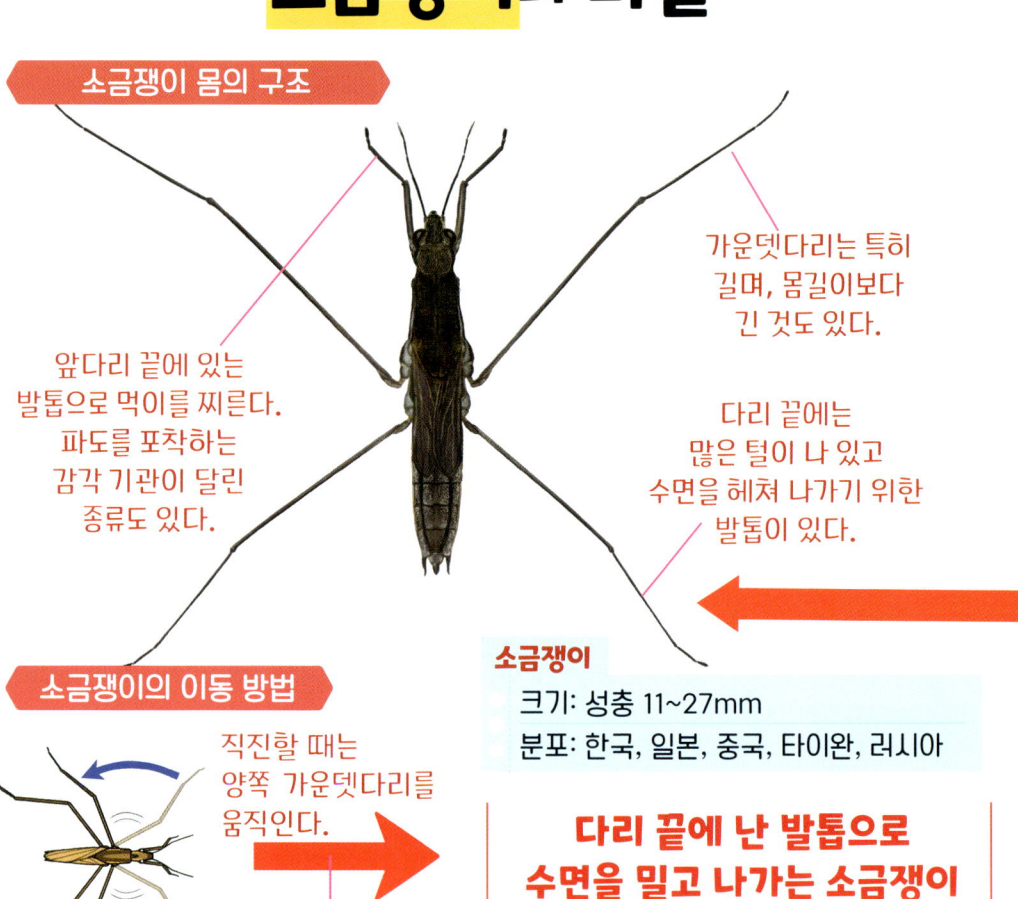

소금쟁이 몸의 구조

앞다리 끝에 있는 발톱으로 먹이를 찌른다. 파도를 포착하는 감각 기관이 달린 종류도 있다.

가운뎃다리는 특히 길며, 몸길이보다 긴 것도 있다.

다리 끝에는 많은 털이 나 있고 수면을 헤쳐 나가기 위한 발톱이 있다.

소금쟁이의 이동 방법

직진할 때는 양쪽 가운뎃다리를 움직인다.

진행 방향

오른쪽으로 돌 때는 왼쪽 가운뎃다리만 움직인다.

소금쟁이
크기: 성충 11~27mm
분포: 한국, 일본, 중국, 타이완, 러시아

다리 끝에 난 발톱으로 수면을 밀고 나가는 소금쟁이

소금쟁이는 앞다리는 짧고, 가운뎃다리와 뒷다리는 길어요. 물 위에서 이동할 때는 다리 끝의 발톱으로 물을 젓지요. 보트의 노처럼 앞으로 나아가고 싶을 때는 양쪽 가운뎃다리를 사용하고 방향을 바꾸고 싶을 때는 한쪽 가운뎃다리만 움직여요.

소금쟁이의 일생

소금쟁이는 봄에서 가을 무렵까지 볼 수 있어요. 번데기가 되지 않고 탈피해서 성충이 되는 불완전 탈바꿈을 한답니다.

① 알을 낳는 암컷
짝짓기를 마친 암컷이 수십 개의 알을 낳는다. 엉덩이만 물속에 넣거나 잠수한 채 알을 낳는 종류도 있다.

② 소금쟁이의 알
크기는 1~2mm이며 물속의 수초 등에 알을 낳는다.

③ 알에서 나오는 애벌레
1주일 정도 지나면 알에서 애벌레가 나온다. 물속에서 태어난 애벌레는 바로 수면 위로 올라온다.

④ 수면에서 생활하는 성충
갓 태어난 애벌레는 수면 위에 살며 5번 탈피해 성충이 된다. 수명은 1~수개월 정도이다.

소금쟁이는 물장군의 친척?

소금쟁이는 노린재목 곤충이에요. 노린재목에는 노린재, 물장군, 매미, 멸구, 진딧물이 있지요. 노린재목의 특징은 입이 날카로운 빨대처럼 생겼다(구문)는 점이에요. 이중 소금쟁이와 물장군은 동물의 체액을 빨아 먹고, 다른 종류는 식물의 즙을 빨아 먹어요.
소금쟁이의 주둥이는 지름 0.2mm이고, 길이는 2mm예요. 만약 인간 크기인 150cm로 커지면 주둥이는 지름 2cm, 길이는 20cm가 되지요. 이렇게 두꺼운 주둥이로 체액을 쭉쭉 빨아 먹는다면? 상상만으로도 기절할 것 같아요.

장수풍뎅이 애벌레

10개월 만에 몸무게가 100배 늘어나는 괴물 같은 성장력!

알에서 갓 부화한 장수풍뎅이 애벌레의 몸길이는 7~8mm, 무게는 0.3g!

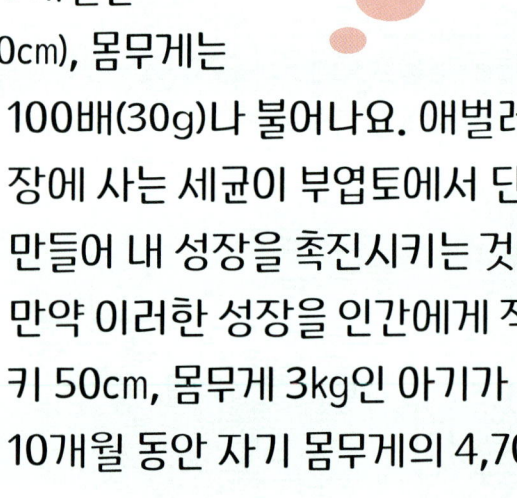

생후 10개월

장수풍뎅이 애벌레는 1.4kg의 부엽토(풀이나 낙엽이 썩어서 된 흙)를 먹어요. 갓 부화했을 때 몸무게인 0.3g의 4,700배나 되는 양을 먹는 것이지요. 이렇게 10개월을 지내면 몸길이는 13배(10㎝), 몸무게는 100배(30g)나 불어나요. 애벌레의 장에 사는 세균이 부엽토에서 단백질을 만들어 내 성장을 촉진시키는 것이지요. 만약 이러한 성장을 인간에게 적용하면 키 50㎝, 몸무게 3kg인 아기가 10개월 동안 자기 몸무게의 4,700배,

인간 크기로 변신한 곤충
장수풍뎅이 애벌레
언뜻 보면 징그럽지만, 보면 볼수록 귀엽고 매력적이다!

생후 0개월

즉 14.1t을 먹는 셈이에요. 우유로 환산하면 200㎖ 젖병 7만 500개 분량이며, 하루 평균 235개를 마셔야 하지요. 또한 키는 13배 커져 6m 50cm가 되고, 몸무게는 100배 늘어 300kg이 돼요. 이 정도면 너무 쑥쑥 자라서 가족이라도 당황하지 않을까요?

결론

역시 장수풍뎅이! 아기일 때부터 성장 속도가 남달라!

곤충 정보 플러스+ 장수풍뎅이 애벌레에는 세균을 죽이는 물질이 있다.

어릴 때부터 남다른 크기!
장수풍뎅이 애벌레의 비밀

장수풍뎅이 애벌레 몸의 구조

몸통 옆에 있는 기문에서 공기를 흡수한다.

몸에 미세한 털이 있는데, 매우 민감해서 외부의 자극을 감지할 수 있다.

튼튼한 큰턱으로 부엽토를 씹어먹는다.

장수풍뎅이 애벌레
- 크기: 7~120mm
- 분포: 한국, 일본, 중국, 타이완, 인도

부엽토를 먹고 자라는 애벌레

애벌레일 때 부지런히 영양 보충!

장수풍뎅이는 상수리나무와 졸참나무를 좋아해요. 여름에는 나무즙을 먹고 가을에는 낙엽이 미생물의 작용으로 분해되어 만들어진 부엽토를 먹지요. 장수풍뎅이가 애벌레로 보내는 겨울은 부엽토가 풍부한 계절이랍니다.

완전 탈바꿈하는 장수풍뎅이의 대변신!

장수풍뎅이와 나비, 꿀벌처럼 곤충이 알, 애벌레, 번데기의 세 단계를 거쳐 성충이 되는 것을 완전 탈바꿈이라고 해요.

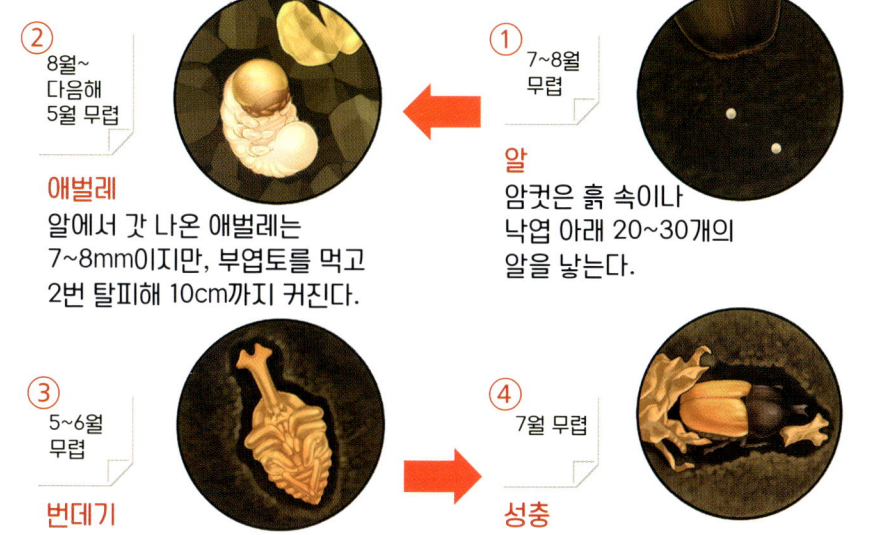

① 7~8월 무렵
알
암컷은 흙 속이나 낙엽 아래 20~30개의 알을 낳는다.

② 8월~ 다음해 5월 무렵
애벌레
알에서 갓 나온 애벌레는 7~8mm이지만, 부엽토를 먹고 2번 탈피해 10cm까지 커진다.

③ 5~6월 무렵
번데기
마지막 탈피를 하고 번데기로 변한다. 이때 수컷은 처음으로 뿔이 생긴다.

④ 7월 무렵
성충
번데기 껍질을 벗은 직후에는 앞날개가 하얗지만, 점점 오렌지색과 검은색으로 바뀌며 흙에서 나와 활동을 시작한다.

어른 장수풍뎅이는 어릴 때보다 가벼워진다!

0.3g이었던 장수풍뎅이 애벌레는 30g까지 성장해요. 하지만 번데기가 되면 몸무게는 20g 정도로 가벼워지고 성충이 되면 10g이 돼요. 인간으로 치면, 몸무게 90kg이었던 아이가 청년이 되면서 60kg으로 줄어들고, 어른이 되면 30kg으로 홀쭉해지는 셈이지요. 밥은 먹고 다니는 걸까? 걱정되겠지만, 그럴 필요 없어요. 인간과 달리 완전 탈바꿈을 하는 곤충은 번데기로 변하고 성충으로 변할 때 많은 영양분을 소비하여 애벌레보다 성충이 가벼운 것이 일반적이기 때문이에요.

박각시나방

박각시나방의 주둥이는 기다란 빨대!

몸길이의 3배나 되는 긴 주둥이가 달린 박각시나방!

나방 중에는 입이 없는 종(생존을 위한 영양분은 애벌레 시기에 저장)이 많지만, 박각시나방은 긴 주둥이를 가지고 있어요. 몸길이는 3.7cm인데, 주둥이는 무려 11cm예요. 최고로 긴 주둥이를 가진 종류는 마다가스카르에 사는 크산토판박각시나방이지요. 주둥이가 28cm로, 몸길이(8cm)의 3.5배나 돼요. 만약 박각시나방이 인간만큼 커진다면 몸길이가 1.5m가 되고 주둥이는 4.5m가 돼요. 같은 비율로 크산토판박각시나방이 커지면 몸길이는

인간 크기로 변신한 곤충
박각시나방
전 세계에 널리 분포한다. 곤충이지만, 몸통의 털이 복슬복슬해 의외로 인기가 많다.

3.2m, 주둥이는 11.3m가 되지요.
거대 박각시나방의 주둥이가 코끼리 코처럼 그 끝으로 물건을 집을 수 있다면, 급식 시간에 빵이나 디저트를 주둥이로 잽싸게 채 가지 않을까요? 무척 긴장감 넘치는 급식 시간이 될 거예요.

결론
박각시나방 주둥이는 훔쳐먹기에 안성맞춤!

곤충 정보 플러스+ 아무리 빠는 힘이 세더라도 빨대로 빨아들이는 물의 높이는 약 10m가 한계이다.

쭉쭉 빨아들이는 빨대 같은 입!
박각시나방의 비밀

박각시나방 몸의 구조

- 더듬이의 끝이 뾰족하다.
- 주둥이 길이는 몸길이의 약 3배에 달한다.
- 날개는 크지 않지만, 비행 능력이 뛰어나 공중에 떠 있는 상태로 꽃의 꿀을 빨 수 있다.
- 새우를 연상시키는 무늬 때문에 일본에서는 '새우무늬박각시'라고 부른다.

박각시나방
- 크기: 성충 80~100mm
- 분포: 한국, 일본, 타이완

기다란 주둥이로 깊은 곳의 꿀을 빤다.

꽃의 꿀을 빨아 먹는 빨대처럼 생긴 입

나방과 나비의 주둥이는 빨대처럼 생겨서 꽃 안쪽에 있는 꿀을 빨아들이기 쉽게 되어 있어요. 꽃 깊숙한 곳에 들어 있는 꿀을 좋아하는 종류일수록 주둥이가 길지요.

구분하기 애매한 나비와 나방의 차이

나방은 수수한 색이고 나비는 화사해요. 나방은 야행성이 많고 나비는 대부분 낮에 활동해요. 나방은 날개를 펼친 채로 앉지만 나비는 날개를 접고 앉지요. 하지만 낮에 활동하는 나방도 있고 날개를 펼치고 앉는 나비도 있어서 그 구분이 모호해요. 그래서 일본이나 프랑스, 독일처럼 나방과 나비를 구분하지 않는 나라도 있답니다.

나방

마다가스카르비단제비나방
마다가스카르섬에 서식하는 나방의 일종으로, 아름다운 날개를 가졌다.

황알락팔랑나비
한반도 전역에 분포한다. 체온을 높이기 위해 날개를 펼치고 앉아 햇볕을 쬐기도 한다.

나비

호기심 사전

고구마도 같은 비율로 거대해진다면?

박각시나방의 주둥이 길이는 식물과 함께 진화해 왔어요. 메꽃처럼 깊숙이 들어 있는 꿀을 빨기 위해 주둥이 길이는 몸길이의 3배나 길어졌지요. 만약 박각시나방이 인간만큼 커지고, 나팔꽃과 고구마도 함께 거대해진다면? 몸길이 3.7cm인 박각시나방이 150cm로 40배 확대되면, 지름이 10cm인 나팔꽃은 4m로 커져요. 길이가 20cm이고 무게가 450g인 고구마는 길이 8m, 무게는 6만 4,000배(40×40×40)인 28.8t이 되지요. 한 사람이 450g씩 고구마를 먹는다고 치면, 무려 6만 4천 명이나 먹을 수 있는 양이에요.

특이한 능력을 지닌 곤충!
물어뜯거나 걸어 다니는 번데기

약대벌레(번데기)

번데기는 대부분 움직이지 않는다?

곤충은 성충이 될 때까지 겉모습이 크게 변하지 않는 종류와 알→애벌레→번데기→성충으로 겉모습을 바꾸며 완전 탈바꿈하거나 번데기 과정 없이 애벌레에서 성충이 되는 불완전 탈바꿈을 하는 종류가 있어요.

장수풍뎅이와 나비는 완전 탈바꿈해요. 이 곤충들의 번데기는 건드려도 살짝만 움직이지요. 하지만 약대벌레처럼 활발한 움직임을 보이는 번데기도 있어요. 약대벌레의 번데기는 성장하면서 머리와 다리, 더듬이가 몸에서 떨어져 나가요. 그래서 쿡쿡 찌르거나 자극하면 깨물려고 하는 등 저항해요. 또한 성충이 될 시기가 다가오면 탈바꿈할 장소를 찾아 직접 돌아다닌답니다.

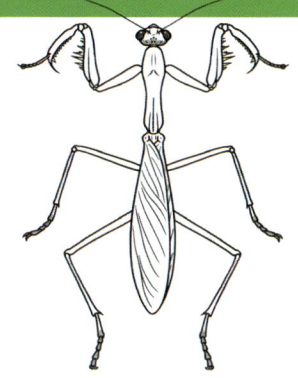

이야기
3

소름 끼치게
놀라운 곤충

침이나 독이 있는 곤충, 다른 벌레를 잡아먹는
육식 곤충 근처에는 가까이 가고 싶지 않아요.
이 곤충 중에서도 인간이 당해 낼 수 없는
능력을 지닌 곤충에 관하여 알아볼까요?

사마귀

초음파까지 듣는 엄청난 청력의 소유자!

인간이 듣지 못하는 소리까지 들을 수 있는 사마귀!

곤충은 물론, 개구리나 뱀, 작은 새까지 잡아먹는 사마귀는 청력까지 뛰어나요. 사마귀의 뒷다리 사이에 얇은 막이 있는데, 이곳에서 공기의 진동을 느껴요. 16만 헤르츠(Hz)까지 들을 수 있지요. 하지만 인간은 20~2만 헤르츠밖에 듣지 못해요. 이렇게 차이가 나다 보니, 인간이 듣지 못하는 초음파까지 들을 수 있는 거예요. 사마귀가 이런 청각을 지닌 이유는 천적인 박쥐가 초음파를 내보내기 때문이에요. 그 소리를 감지할 수 있어야 박쥐로부터 도망칠 수 있으니까요.

사마귀

낫처럼 생긴 앞다리가 멋지다. 인기 순위 상위권인 곤충!

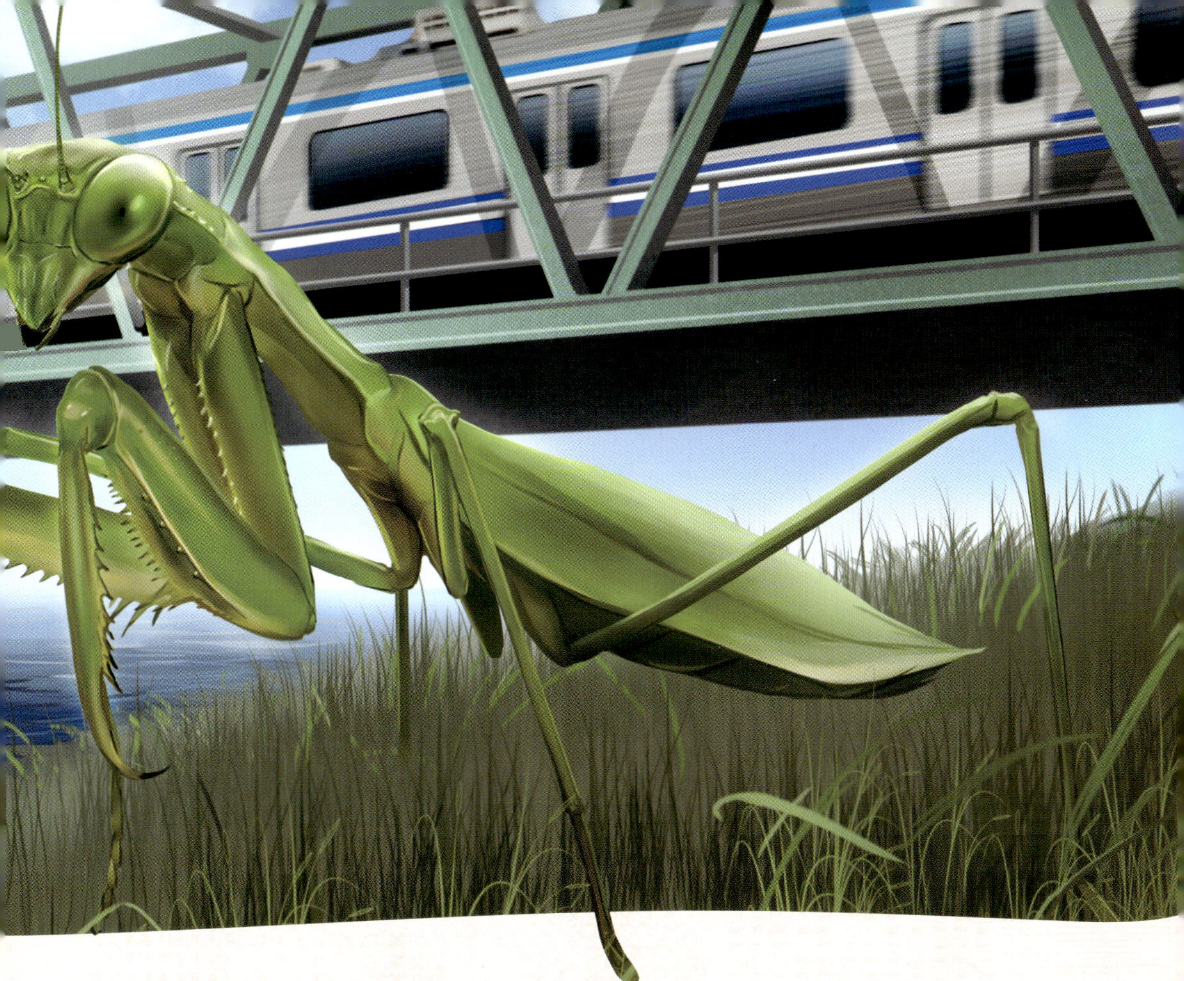

만약 사마귀가 인간만큼 커진다면 어떻게 될까요? 몸길이 9cm인 왕사마귀가 150cm로 커지면 막의 진동이 약해져요. 그래서 1,200헤르츠까지만 들을 수 있지요. 사마귀의 뛰어난 청력은 오히려 몸집이 작았기 때문에 가능했던 거예요.

결론
사마귀의 크기가 커지면 오히려 청력이 약해져!

헤르츠 수치가 작을수록 낮은 소리이고, 클수록 높은 소리를 나타낸다.

솜씨 좋은 사냥꾼!

사마귀의 비밀

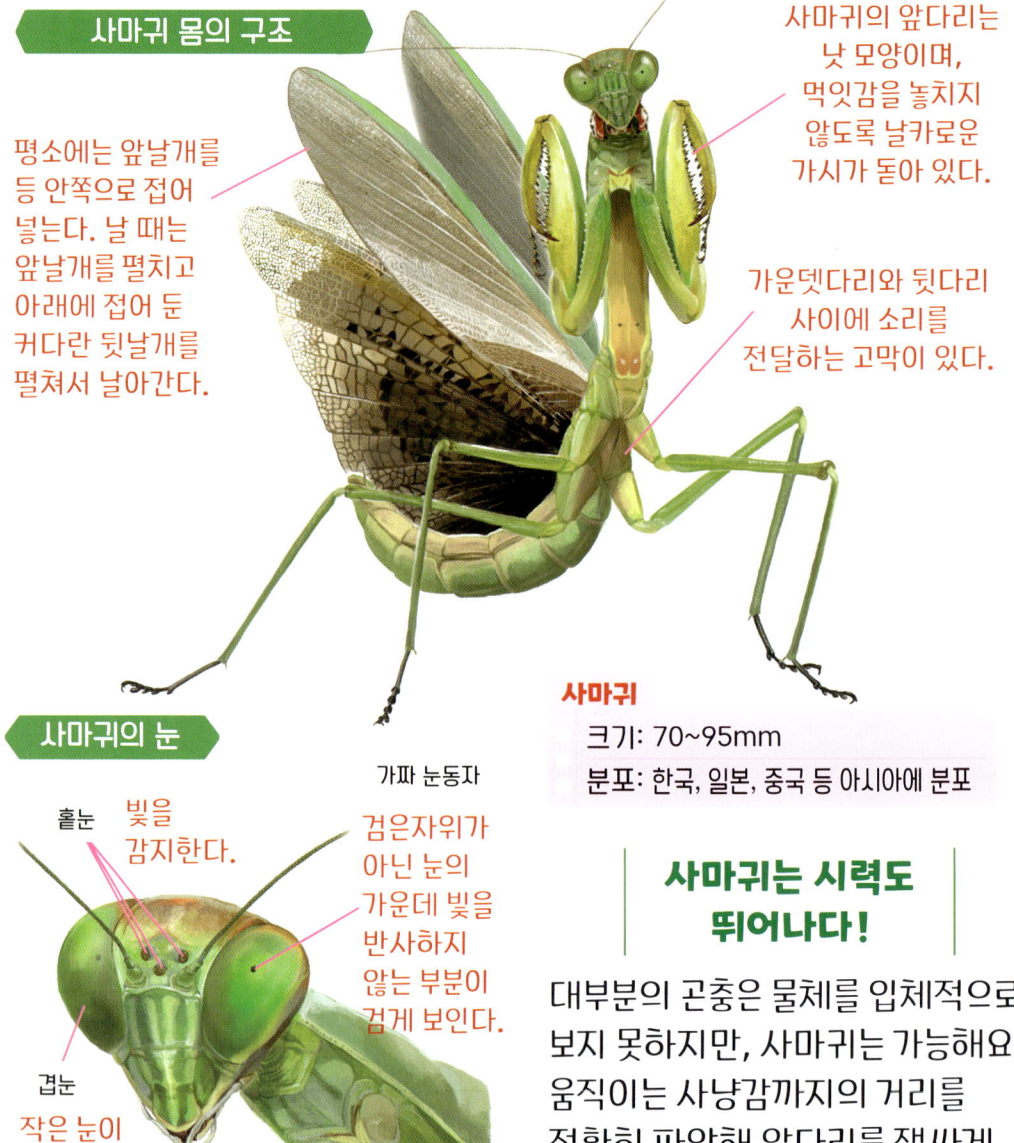

사마귀 몸의 구조

평소에는 앞날개를 등 안쪽으로 접어 넣는다. 날 때는 앞날개를 펼치고 아래에 접어 둔 커다란 뒷날개를 펼쳐서 날아간다.

사마귀의 앞다리는 낫 모양이며, 먹잇감을 놓치지 않도록 날카로운 가시가 돋아 있다.

가운뎃다리와 뒷다리 사이에 소리를 전달하는 고막이 있다.

사마귀의 눈

홑눈 — 빛을 감지한다.

겹눈 — 작은 눈이 모여 있다.

가짜 눈동자 — 검은자위가 아닌 눈의 가운데 빛을 반사하지 않는 부분이 검게 보인다.

사마귀
크기: 70~95mm
분포: 한국, 일본, 중국 등 아시아에 분포

사마귀는 시력도 뛰어나다!

대부분의 곤충은 물체를 입체적으로 보지 못하지만, 사마귀는 가능해요. 움직이는 사냥감까지의 거리를 정확히 파악해 앞다리를 잽싸게 뻗어 잡아먹지요.

잠복해 있다 먹잇감을 잡아채는 사냥꾼

사마귀는 먹잇감을 쫓는 것이 아니라, 가까이 다가오기를 기다려요. 사마귀의 길쭉하고 가느다란 녹색 몸통은 풀에 숨기 안성맞춤이지요.
같은 사마귀라도 서식 환경에 따라 색깔과 모양이 달라져요. 꽃의 꿀을 빠는 나비와 벌을 잡아먹는 난초사마귀는 난초의 꽃을 닮았지요. 이 외에도 낙엽처럼 보이는 로바타낙엽사마귀와 표범 무늬인 엘레강스꽃사마귀처럼 사마귀는 색깔이나 생김새, 크기가 매우 다양하답니다.

난초사마귀(동남아시아)
크기: 수컷 약 35mm, 암컷 약 70mm

로바타낙엽사마귀(동남아시아)
크기: 60~80mm

엘레강스꽃사마귀(동남아시아)
크기: 수컷 약 22mm, 암컷 약 60mm

호기심 사전

거대 사마귀는 인간을 공격할까?

사마귀는 자신과 비슷한 크기의 생물을 머리부터 아작아작 씹어 먹어요. 만약 사마귀가 인간만큼 커진다면, 인간은 어떻게 될까요? 몸길이 9cm인 왕사마귀의 무게는 8g이에요. 몸길이가 150cm로 커지면 확대 비율은 16.7배가 되지요. 몸무게는 4,630배(16.7×16.7×16.7)인 37kg이고요. 11살 남자아이의 평균 키가 145.7cm이고 몸무게는 38.8kg이니, 거대 사마귀와 거의 비슷해요.
사마귀는 움직이는 것에만 흥미를 보여요. 그러니 인간 크기의 사마귀와 마주친다면, 손가락 하나라도 꼼지락거리지 말고 죽은 듯 가만히 있어야 해요.

파리

붕~ 순식간에 시속 750km까지?

어른이 걷는 속도(시속 4km)보다 느린 집파리의 비행 속도(시속 3.5km)!

하지만 집파리의 몸길이가 7mm 전후인 걸 생각해 보면, 엄청나게 빠른 셈이에요. 시속 3.5km=초속 0.972m이니까 단 1초 만에 몸길이의 139배나 날아가는 것이지요.

만약 인간만큼 커져서 몸길이 150cm가 되면 초속 208m, 시속 750km의 속도가 돼요. 최고 속도가 시속 305km인 KTX보다 훨씬 빠르며, 시속 850km인 제트 여객기보다는 조금 느린 속도이지요.

더구나 집파리는 날아오른 뒤 0.01초 만에 최고 속도에 이를 수 있어요.

인간 크기로 변신한 곤충
집파리
붕붕~ 바쁘게 앞다리를 비비는 모습이 의외로 귀엽다!

인간은 눈을 깜빡이는 데 0.1초가 걸려요. 이것은 인간이 무언가에 반응할 수 있는 최단 시간이지요. 집파리와 꽤 차이가 나지요? 만약 집파리가 인간만큼 커진 뒤에도 이 정도 전력 비행이 가능하다면, 인간은 영영 파리를 잡을 수 없을 거예요.

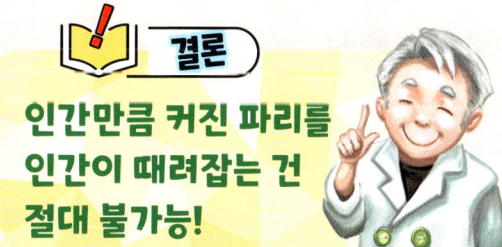

결론

인간만큼 커진 파리를 인간이 때려잡는 건 절대 불가능!

곤충 정보 플러스+ 파리 애벌레는 음식물 쓰레기 등 유기물을 분해하는 능력이 있어서 비료를 만드는 데 활용된다.

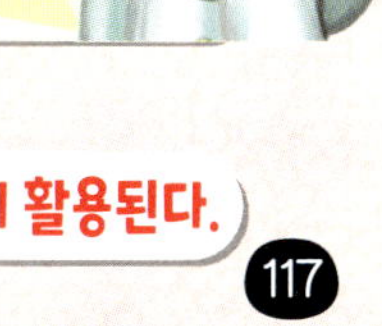

파리는 왜 손으로 잡기 어려울까?

파리의 비밀

파리 몸의 구조

- 날개는 앞날개 2장뿐이다. 퇴화한 뒷날개 대신 '평균곤'이라는 돌기가 있어서 자세를 유지할 수 있다.
- 파리는 물체를 또렷하게 볼 수 없지만, 동체 시력(움직이는 물체를 구분하는 능력)이 뛰어나다.
- 다리 끝에 '욕반'이 있어서 벽이나 천장에 달라붙을 수 있다.

쉬파리
- 크기: 성충 8~15mm
- 분포: 전 세계

인간과 파리의 시각적 차이

슬로 모션으로 보이는 파리의 세상

생물의 눈에 보이는 사물의 모습 한 컷 한 컷을 뇌에서는 연속된 영상으로 인식해요. 그런데 생물마다 뇌가 1초 동안 처리하는 컷의 개수가 달라요. 파리는 250컷을 처리하지만, 인간은 60컷 정도이지요. 따라서 인간의 눈에 빨라 보이는 것도 파리에게는 슬로 모션처럼 보인답니다.

다양한 기능을 갖춘 고성능 다리

파리가 창문처럼 매끈한 표면에 붙어 있을 수 있는 이유는 다리 끝에 '욕반'이 있기 때문이에요. 욕반은 미세한 털이 잔뜩 달린 솔처럼 생겼는데, 끈적끈적한 점성의 액체가 나와요. 그래서 어디든지 자유롭게 매달리거나 걸어 다닐 수 있지요.

또한, 파리의 다리에는 맛을 느끼는 기능이 있어서 인간의 혀와 같은 역할도 해요. 하지만 다리에 먼지라도 붙으면 그 뛰어난 기능을 발휘할 수 없게 되지요. 그래서 앞다리를 계속 문지르며 먼지를 떼어 내어 걷기 쉽고 다양한 맛을 느낄 수 있도록 하는 거예요.

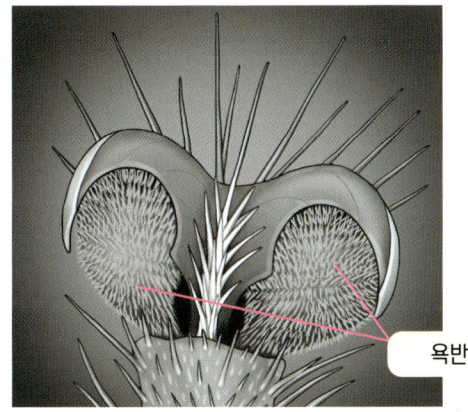

파리의 다리 끝
욕반의 털에서 끈적한 액체가 나온다.

방향 전환도 자유로운 파리!

파리는 방향 전환 속도가 0.01초로, 무척 빨라요. 만약 인간만큼 커진 파리가 시속 750km로 곧장 날아오다가 0.01초 만에 다른 쪽으로 날아간다면, 인간의 눈에는 사라진 것처럼 보일 거예요.
인간 크기의 집파리가 날개를 펼치면, 그 폭은 3m에 이르러요. 고속 코너링이 가능하다면 폭 3.5m 직각으로 구부러지는 모퉁이를 시속 750km로 갈 수 있지요. 이 속도라면 너무 빨라서 총으로 쏴도 맞출 수 없어요. 이런 거대 파리가 여기저기 날아다닌다면, 너무 위험하지 않을까요?

덫턱개미

철판도 싹둑 자르는 마하 28로 움직이는 턱!

발달한 큰턱이 180°로 벌어지는 무시무시한 덫턱개미!

덫턱개미의 턱 사이에 있는 감각털에 먹잇감이 닿으면 큰턱이 닫히는데, 그 속도가 무려 시속 230km예요. 덫턱개미의 몸길이는 1cm이고 큰턱의 길이는 기껏해야 2mm이지요. 시속 230km라고 했으니까 계산해 보면, 큰턱은 0.00005초 만에 닫히는 거예요.

만약 덫턱개미가 몸길이 150cm인 인간만큼 커지면 어떻게 될까요? 큰턱의 길이는 30cm로 커지고, 그 턱이 0.00005초 만에 닫힌다면, 그 속도는 시속 3만 4,500km=마하 28(속도의

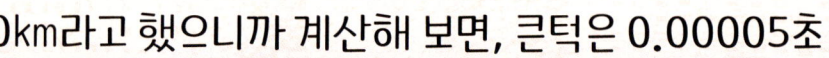

인간 크기로 변신한 곤충

덫턱개미
무시하면 큰코다친다.
개미의 이미지를
뒤바꾸어 놓았다.

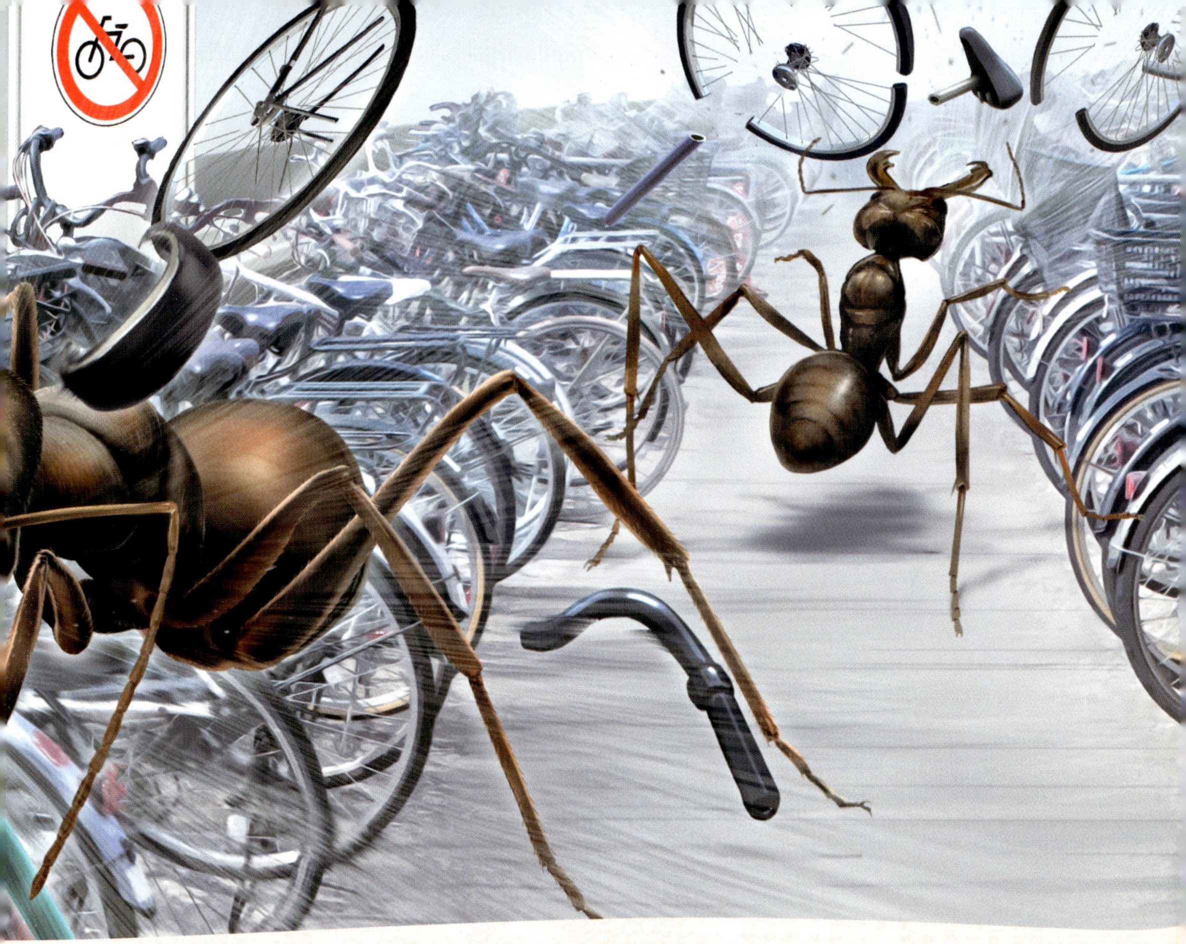

단위, 1마하는 시속 약 1,224km)이에요. 이 정도면 철판이나 콘크리트도 싹둑 잘라 버릴 수 있지요.

덫턱개미는 주로 살아 있는 곤충을 잡아먹어요. 그렇다면 당연히 인간도 마하 28의 큰턱으로 잡아먹지 않을까요?

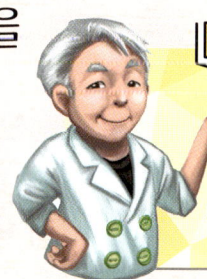

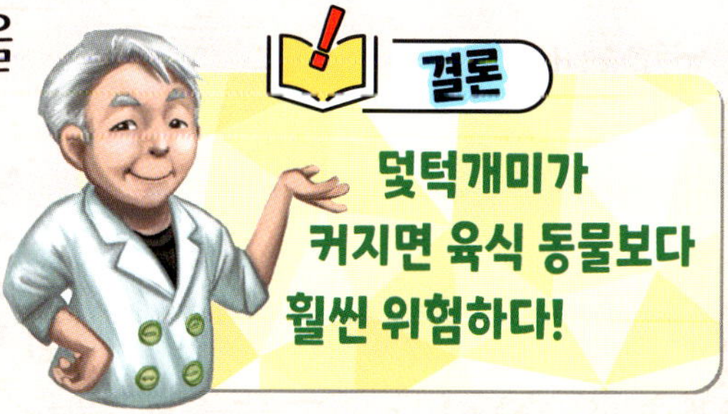
결론
덫턱개미가 커지면 육식 동물보다 훨씬 위험하다!

곤충 정보 플러스+ 스위스의 연구진이 덫턱개미의 빠른 턱을 모방해 로봇을 제작했다.

무시무시한 턱을 가진 개미!

덫턱개미의 비밀

덫턱개미 몸의 구조

몸길이가 1cm 이상으로, 개미 중에서도 최대급 크기이다.

커다란 머리에 비해 몸은 가는 편이다.

가장 큰 특징은 180도로 벌려서 먹잇감을 공격하는 큰턱이다.

덫턱개미
크기: 성충 10~13mm
분포: 전 세계

덫턱의 구조

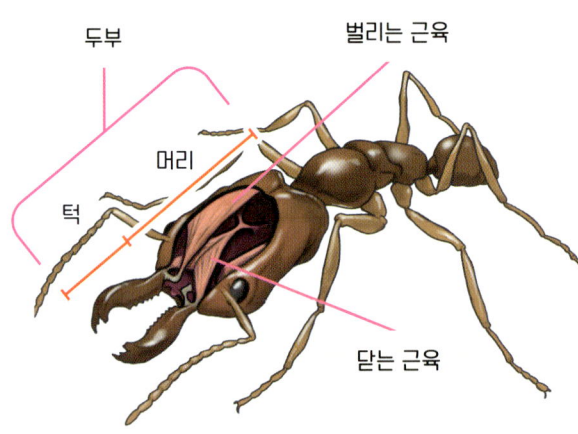

두부, 벌리는 근육, 머리, 턱, 닫는 근육

덫턱개미 턱의 역할과 구조

턱은 두부의 3분의 1을 차지할 만큼 커요. 물건을 운반하거나 적과 싸울 때, 굴을 팔 때 사용하지요. 두부에는 턱을 안쪽으로 닫는 근육과 바깥쪽으로 벌리는 근육이 있어요. 덫턱개미처럼 열린 상태로 고정되었다가 용수철처럼 철컥하고 닫히는 턱을 '덫턱'이라고 해요.

목축에서 농업까지, 개미의 먹거리 확보를 위한 노력

깍지개미는 좋아하는 먹이인 감로(당분이 풍부한 액체 분비물)를 배출하는 패각충(작은 깍지벌레 종류)을 집 안에서 길러 개체 수를 늘려요. 절엽개미는 집에서 나뭇잎을 잘게 찢고 균을 심어 버섯을 기르지요. 꽃꿀을 좋아하는 꿀단지개미는 자기 몸속에 꿀을 모아 두어요. 배를 꿀로 가득 채워 동료들과 나눠 먹으며 먹이가 적은 시기를 버티지요.

깍지개미
집 안에서 패각충을 키운다.

절엽개미
버섯을 재배하기 위해 나뭇잎을 운반한다.

꿀단지개미
꿀을 저장한 개미가 집 천장에 매달려 있다.

호기심 사전

독으로 찌르고 점프하는 개미!

덫턱개미는 큰턱으로 먹잇감을 잡은 뒤 복부 끝에 있는 침을 찔러 독을 주입해요. 천적으로부터 공격받으면 큰턱으로 땅을 튕겨 내며 뒤로 점프해 벗어나지요. 이때 공중에서 빙글빙글 돌아 수십 cm를 뛰어올라요. 인간 크기의 덫턱개미가 이렇게 점프해 버리면 어떤 일이 벌어질까요? 원래 크기일 때 50cm를 점프했다면, 몸길이의 50배예요. 그렇다면 1.5m 크기의 덫턱개미가 뛰어오르면 비거리는 75m가 되지요. 학교 운동장 끝에서 끝까지 빙글빙글 돌며 날아올라 3.9초 만에 쿵 하고 착지하는 셈이에요.

꿀벌

인간의 몸을 관통하는
길쭉한 침!

바늘에 찔렸을 때와는 비교조차 할 수 없는 벌침에 쏘였을 때의 통증!

벌침에 쏘이면 왜 그렇게 아픈 걸까요? 독이 퍼져서 신경을 자극하기 때문이에요.

일벌인 꿀벌은 몸길이는 1.3cm예요. 그런데 벌침의 길이는 3mm로 몸길이의 23%나 되지요. 만약 인간만큼 커져서 몸길이 150cm가 된다면, 침의 길이는 34.5cm에 이르게 돼요. 이 정도 길이면 인간의 몸통쯤은 관통해 버릴 거예요.

그럼 장수말벌이 거대해지면 어떻게 될까요? 장수말벌 일벌의 몸길이는 3.3cm이고 침은 6mm예요. 꿀벌과 같은 비율(원래 크기의 115배)로 커진다면 몸길이는 3m 81cm, 침의 길이는 무려 69cm가 돼요. 사극 드라마에 나오는 기다란 검처럼 커지는 것이지요. 게다가 독까지 주입한다면? 무서워서 얼씬도 할 수 없을 거예요.

꿀벌
봄이 되면 돌아다니기 시작한다. 날아오는 소리만 들어도 긴장된다.

벌침은 어떻게 생겼을까?

꿀벌의 비밀

꿀벌(암컷) 몸의 구조

더듬이를 이용해 동료들과 의사소통한다.

4장의 날개가 있지만, 날 때는 앞날개에 뒷날개를 걸고 커다란 두 장의 날개처럼 움직인다.

다리에 꽃가루 뭉치를 묻혀 이동한다.

벌침은 알을 낳는 관이 진화한 것이다. 그래서 암컷에게만 있다.

꿀벌
크기: 성충 13~20mm
분포: 전 세계

맵시벌 (진화)
맵시벌과의 기생벌은 다른 곤충의 몸에 알을 낳으려고 산란관을 침처럼 진화시켰다.

잎벌 (진화)
송곳벌과는 알을 낳기 위해서만 산란관을 사용한다.

잎벌

송곳벌

원래 산란관이었던 벌의 침!

벌은 침을 쏜다는 이미지가 강한데, 벌침은 원래 암컷이 알을 낳는 관(산란관)이었어요. 산란관이 가늘고 길게 진화하면서 독을 가진 종류가 탄생했지요. 침을 가진 벌은 전체 벌의 30% 정도예요.

춤으로 먹이터를 알리는 일벌

일벌은 먹이터를 발견하면 그 장소를 '8자춤'을 추며 동료에게 전달해요. 8자춤을 출 때 몸의 방향은 먹이터가 태양을 기준으로 어느 각도에 있는지 나타내지요. 그리고 '8자춤'을 추는 시간으로 얼마나 좋은 먹이터인지를 전달해요. 이처럼 벌은 의사 전달 능력이 뛰어난 곤충이에요.

8자춤으로 나타내는 먹이터의 위치

춤을 본 동료는 그 방향을 향해 먹이터를 찾는다.

벌집

먹이터

머리 위에서 60°

먹이터가 태양에서 왼쪽으로 60° 방향에 있을 때의 춤

죽더라도 공격은 멈추지 않아!

꿀벌의 일벌이 가진 침은 탐침(칼집)과 2개의 란셋(톱날침)으로 이루어져 있어요. 란셋이 상대의 몸에 닿으면 그 끝의 센서가 감지해 탐침을 따라 크게 진동해요. 란셋에는 역방향으로 날카로운 가시가 잔뜩 돋아 있어서 진동할수록 상대의 몸속 깊이 파고들지요. 침을 찌른 꿀벌은 독샘에서 침까지 분리되어 목숨을 잃어요. 하지만 란셋은 남은 에너지로 독샘의 독이 다 비워질 때까지 계속해서 진동해요. 인간 크기의 꿀벌도 똑같다면, 길이 34.5cm의 침에 쏘인 인간은 지옥의 고통을 맛보게 될 거예요.

재래꿀벌

하늘을 뒤덮은 200마리의 벌!

재래꿀벌의 천적은 장수말벌!

재래꿀벌은 몸길이가 1.3cm이며 꽃꿀을 빠는 초식성이에요. 하지만 장수말벌은 몸길이가 3.3cm로, 재래꿀벌보다 2.5배 큰 육식성이지요. 무척 불리한 조건이지만, 재래꿀벌은 용감하게 맞서요. 200여 마리의 재래꿀벌이 5cm 크기의 공 모양으로 장수말벌을 둘러싼 뒤 격렬하게 날개를 퍼덕여 온도를 높이는 '봉구'라는 전략을 사용하지요. 열에 약한 장수말벌은 목숨을 잃고 말아요. 만약 재래꿀벌이 인간만큼 커지면 어떻게 될까요? 몸길이 150cm인

꿀벌
협동심의 끝판왕!
어떤 적이라도 팀워크로
무찌른다!

재래꿀벌 200마리가 5m 간격으로 집단 비행하며 5,000㎡ (축구장 70%)의 하늘을 뒤덮을 거예요. 혹시나 재래꿀벌들이 인간을 적으로 착각한다면, 재래꿀벌들이 공 모양으로 인간을 둘러싼 뒤 그 안을 찜통으로 만들 거예요. 과연 버틸 수 있을까요?

결론

꿀벌에게 쏘이는 것보다 찜통처럼 찌는 열기가 더 위험해!

곤충 정보 플러스+ '봉구' 안은 매우 뜨거워서 적뿐 아니라 재래꿀벌들에게도 피해를 준다.

뛰어난 팀플레이!
재래꿀벌의 비밀

재래꿀벌과 서양꿀벌의 차이점

봉구를 만드는 것은 재래꿀벌뿐이다. 장수말벌이 없는 유럽 등에서 유입된 서양꿀벌은 봉구를 만들지 않는다.

겉모습은 별다른 차이가 없다. 재래꿀벌이 조금 작으며 색이 조금 검은 정도이다.

재래꿀벌
크기: 성충 12~19mm
분포: 한국, 일본, 중국, 동남 아시아

봉구의 원리

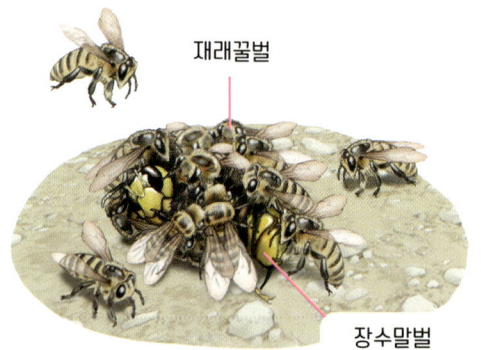

재래꿀벌
장수말벌

봉구 주변보다 중심의 온도가 더 높다.
봉구를 구성하는 꿀벌의 몸에도 영향을 준다.

재래꿀벌이 장수말벌을 퇴치하는 봉구의 원리

장수말벌은 재래꿀벌보다 열에 약해요. 재래꿀벌이 목숨을 잃는 온도는 48~50℃이고 장수말벌은 44~46℃ 정도예요. 그래서 재래꿀벌들은 46~47℃까지 봉구 내부의 온도를 끌어올려 장수말벌을 죽인답니다.

서로의 몸을 밀착해 겨울을 이겨 내는 꿀벌

꿀벌 집에는 여왕벌 1마리와 수백 마리의 수컷, 1만 마리 이상의 일벌이 살고 있어요. 꿀벌들은 서로 밀착한 상태로 집 안에 모여 겨울을 나요. 가슴을 움직여 열을 내 집 안의 온도를 32℃ 정도로 유지하지요. 기온이 너무 떨어져 알이나 애벌레가 죽거나 저장해 둔 꿀이 굳는 것을 방지하기 위한 것이에요.

겨울 양봉장의 벌통(꿀벌)

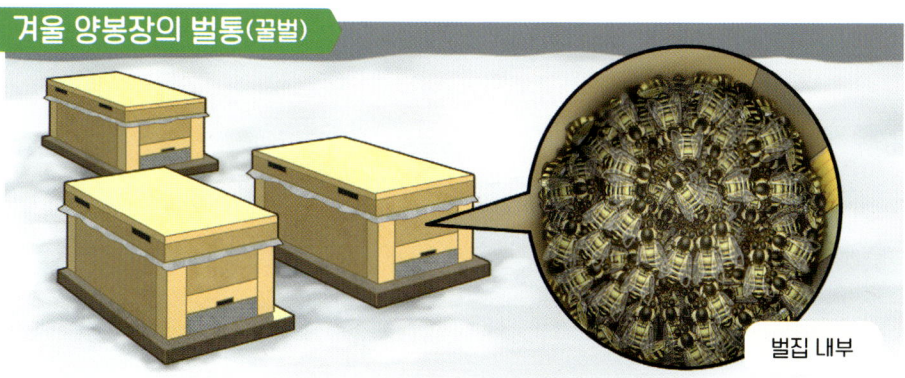

벌집 내부

양봉장에서는 겨울에 벌집을 바깥 공기에 노출하지 않는다. 꿀벌은 그 안에서 서로의 몸을 밀착하며 겨울을 난다.

꿀벌 1만 마리가 모여 봉구를 이룬다면?

몸길이 150cm인 재래꿀벌 200마리가 봉구를 만들면, 지름 5m 80cm 공 모양이 돼요. 이 크기면 기린(약 5m)도 포위할 수 있어요.
꿀벌 집에는 1만 마리의 일벌이 살아요. 만약 1만 마리의 일벌이 봉구를 만든다면, 봉구의 지름은 21m예요. 몸길이 12m인 티라노사우루스가 부활하더라도 간단히 뒤덮을 수 있을 정도지요.
더구나 봉구 내부 온도는 45℃, 습도는 90%예요. 이 상태라면 그 어떤 동물도 버틸 수 없어요.
만약 인간 크기의 꿀벌이 나타난다면, 지구 생물의 최강왕 자리에 오르지 않을까요?

엄청난 반응 속도 0.022초!

시력이 약한 대신 다양한 감각 기관을 지닌 바퀴벌레!

바퀴벌레는 더듬이로 냄새와 소리, 촉각과 압력을 감지해요. 다리에 바닥의 진동을 느끼는 '슬하기관'이 있어서 천적이 몰래 다가오는 것을 포착할 수 있지요.

놀라운 점은 엉덩이 좌우에 있는 '미엽'으로 천적이 움직일 때 생기는 공기의 흐름(기류)을 감지한다는 것이에요. 그 반응 속도가 엄청난데, 기류를 느끼고 도망치기까지 단 0.022초가 걸려요. 인간은 무엇인가를 느끼고 행동하기까지 0.1초가 걸리니까 바퀴벌레가 몇 배나 더 빠른 셈이지요.

만약 우리가 인간 크기의 바퀴벌레와 싸우면 어떻게 될까요?

독일바퀴
인간을 비명 지르게 하는 곤충!
바퀴벌레가 나타나면 짓누르거나 도망가기 바쁘다.

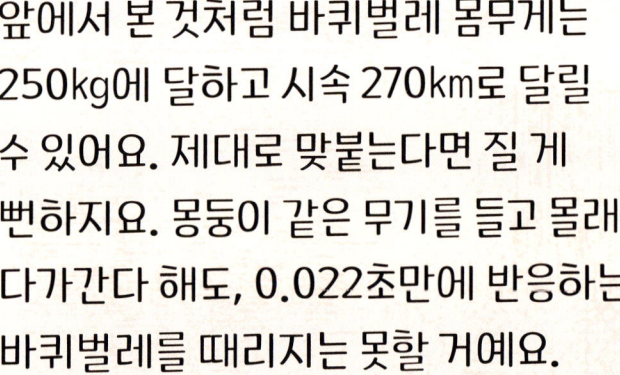

앞에서 본 것처럼 바퀴벌레 몸무게는 250kg에 달하고 시속 270km로 달릴 수 있어요. 제대로 맞붙는다면 질 게 뻔하지요. 몽둥이 같은 무기를 들고 몰래 다가간다 해도, 0.022초만에 반응하는 바퀴벌레를 때리지는 못할 거예요.

미움은 받지만, 놀라운 능력의 벌레!
바퀴벌레의 비밀

바퀴벌레 몸의 구조

더듬이 가까이에 2개의 곁눈이 있다.

더듬이로 냄새와 소리를 감지한다.

다리의 슬하기관으로 진동을 감지한다.

엉덩이의 '미엽'이라는 기관으로 공기의 흐름을 감지한다.

독일바퀴
- 크기: 성충 10~15mm
- 분포: 전 세계

공룡 시대부터 존재했던 바퀴벌레

인간이 지구에 등장한 것은 20~30만 년 전의 일이에요. 그보다 더 오랜 옛날인 약 2억 년 전, 지구에는 공룡이 살았지요. 바퀴벌레는 그보다 더 오래 전인 2억 5,000만~3억 년 전부터 지구에서 서식했어요. 수많은 벌레가 멸종하거나 진화해 모습이 바뀌었지만, 바퀴벌레는 생김새도 거의 달라지지 않았어요. 이처럼 바퀴벌레는 생존 능력이 엄청나게 뛰어난 곤충이에요.

시력은 약하지만, 시야가 넓은 바퀴벌레의 눈

바퀴벌레의 눈은 4개예요. 여러 개의 작은 눈(렌즈)이 모인 겹눈이 2개, 렌즈가 1개뿐인 홑눈이 2개이지요. 겹눈은 더듬이 위에 있어서 마루 위를 기어가는 자세에서도 멀리 내다볼 수 있어요. 인간처럼 풍경을 선명하게 볼 수는 없지만, 물체의 움직임에는 민감해요. 홑눈점으로 밝기를 감지할 수 있어요.

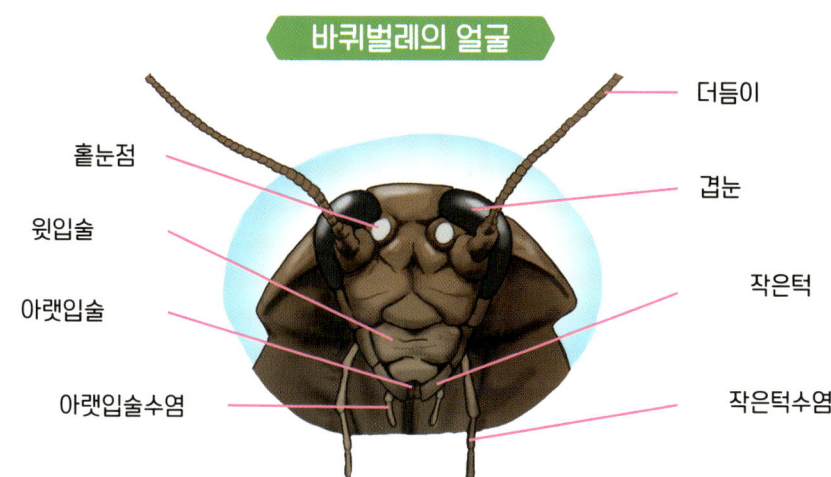

바퀴벌레의 얼굴

11년 뒤, 지구의 주인은 바퀴벌레?

바퀴벌레 암컷은 평생 500여 개의 알을 낳아요. 수컷과 암컷 각 1마리씩만 있어도 2년 뒤에는 500마리가 돼요(바퀴벌레의 수명은 6개월~2년 9개월이지만, 여기서는 2년으로 계산). 그중 절반이 암컷이라면 4년 뒤에는 12만 5천 마리(250×500)가 되고, 8년 뒤에는 78억 1,250만 마리(250×250×250×500)가 되지요.

만약 바퀴벌레가 인간만큼 커진다면? 지구의 육지 면적은 147조 ㎡예요. 몸길이 150cm인 바퀴벌레가 1마리당 1㎡의 면적을 차지하면, 11년 뒤에는 147조 마리가 육지를 뒤덮는 셈이지요.

모기

인간 13명의 피를 빨아 먹는 거대 모기!

자기 체중만큼의 피를 빠는 뛰어난 모기의 흡혈 능력!

인간은 자기 몸무게의 10분의 1만큼 물을 마시기도 힘든데, 그에 비하면 모기의 능력은 정말 대단해요. 만약 모기가 인간만큼 커지면 흡혈 능력은 어느 정도일까요?

흰줄숲모기의 몸길이는 4.5mm이고, 무게는 0.002g이에요. '구관'이라고 하는 길쭉한 입은 지름이 0.08mm이고, 길이는 2mm로 몸길이의 절반에 이르지요. 이런 흰줄숲모기의 몸길이가 150cm로 커지면 구관의 지름은 2.7cm로 페트병의 입구만큼 커지고 길이는 67cm가 돼요. 몸무게는 74kg으로 어른 남성 정도의 무게가 되지요. 인간의 혈액은 몸무게의 13분의 1이니까, 거대 모기는 인간 13명의 피를 빨 수 있다는 계산이 나와요. 만약 인간 크기의 모기를 만나면 눈 깜작할 사이에 피를 빨려 미라가 될지도 몰라요.

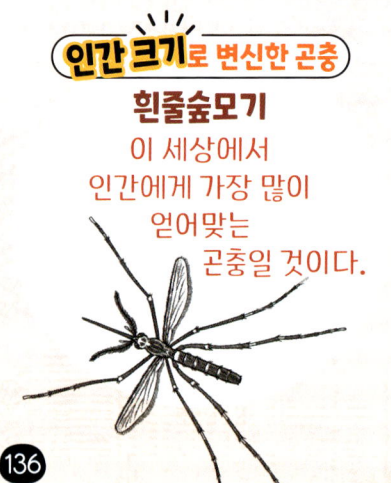

인간 크기로 변신한 곤충
흰줄숲모기
이 세상에서 인간에게 가장 많이 얻어맞는 곤충일 것이다.

모기는 왜? 어떻게 피를 빨까?

모기의 비밀

모기 몸의 구조

더듬이에 달린 안테나 같은 털이 인간의 체온이나 냄새 등을 감지한다.

배부르게 피를 빤 모기는 한 번에 약 300개의 알을 낳는다.

입은 빨대처럼 생겼다.

흰줄숲모기
크기: 성충 4~5mm
분포: 한국, 일본, 타이완, 동남아시아 등

모기의 주식은 꽃꿀과 과즙

피를 빠는 모기는 짝짓기를 한 뒤의 암컷이에요. 배 속의 알을 키우는 데 영양분으로 피를 사용하기 때문이지요. 모기의 먹이는 원래 꽃의 꿀과 과즙이에요. 하지만 알을 밴 암컷은 자신의 영양을 위해 꽃의 꿀과 과즙을 빨고, 알을 키우기 위해 피를 빨아 먹어요.

꽃의 꿀을 빠는 모기. 암컷은 평소 먹이를 저장하는 위 말고도 피를 저장하는 위가 따로 있다.

모기가 피를 빠는 원리

모기는 피를 빨기 전, 먼저 톱날처럼 뾰족한 작은턱으로 인간의 피부를 찢어요. 피는 시간이 지나면 굳으므로 모기는 하인두로 자신의 타액(피가 굳지 않게 하는 성분이 있다)을 인간의 몸속으로 흘려보내지요. 아랫입술을 'L' 모양으로 구부린 뒤 아랫입술 속 빨대를 가느다란 혈관에 찔러 넣고 윗입술로 피를 빨아들여요.

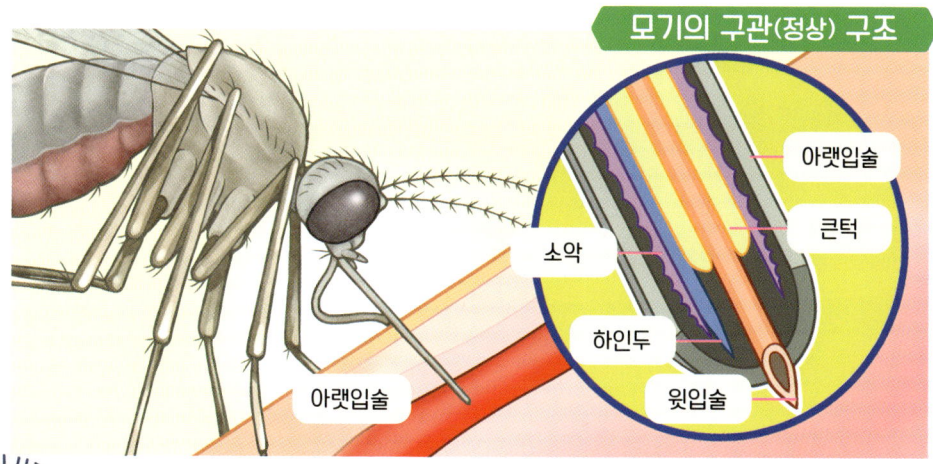

모기의 구관(정상) 구조
아랫입술 / 큰턱 / 소악 / 하인두 / 윗입술 / 아랫입술

호기심 사전

단 1.8초 만에 피를 전부 빨아들인다?

모기는 자기 몸무게만큼의 피를 2분 만에 빨아들여요. 그런데 피를 빨리는 인간은 왜 2분 동안 알아채지 못할까요? 모기의 타액에는 가려움을 느끼게 하는 물질이 있는데 인간의 피부에 닿으면 3분 뒤에 그 증상이 나타나요. 하지만 그때는 이미 모기가 달아난 뒤예요.

그럼 인간만큼 커진 모기는 어떨까요? 입이 굵어져서 피를 빠는 속도가 무척 빨라질 거예요. 계산해 보면, 인간 한 명의 피를 모조리 빨아들이는 데 1.8초밖에 안 걸려요. 다행히 거대 모기라 가까이 다가오기 전에 알아챌 수 있을 테니 무조건 도망쳐야 해요!

모기

몸집이 커진 모기가 터벅터벅 걸어와 공격!

놀랍게도 1초에 500번이나 날갯짓을 하는 모기!

근육으로 날개를 움직이는 잠자리나 메뚜기와 달리 모기와 파리, 벌은 흉부를 움츠려서 날개를 움직여요. 흉부는 탄력성이 좋아서 한 번 움츠리면 힘을 빼도 5번 정도는 진동하지요. 흉부를 1초에 100번 움직이면 500번 날개를 퍼덕일 수 있는 것이에요. 단, '피곤하니 200번만 움직여야지.', '기분 좋으니까 1,000번 퍼덕여 볼까?'처럼 조절할 수는 없고 언제나 1초에 500번 움직여요. 그렇다면 인간만큼 모기가 커졌을 때 어떤 일이 벌어질까요? 몸길이

흰줄숲모기
위잉~ 날갯짓 소리가 들렸는데 어딨는지 찾을 수 없다!

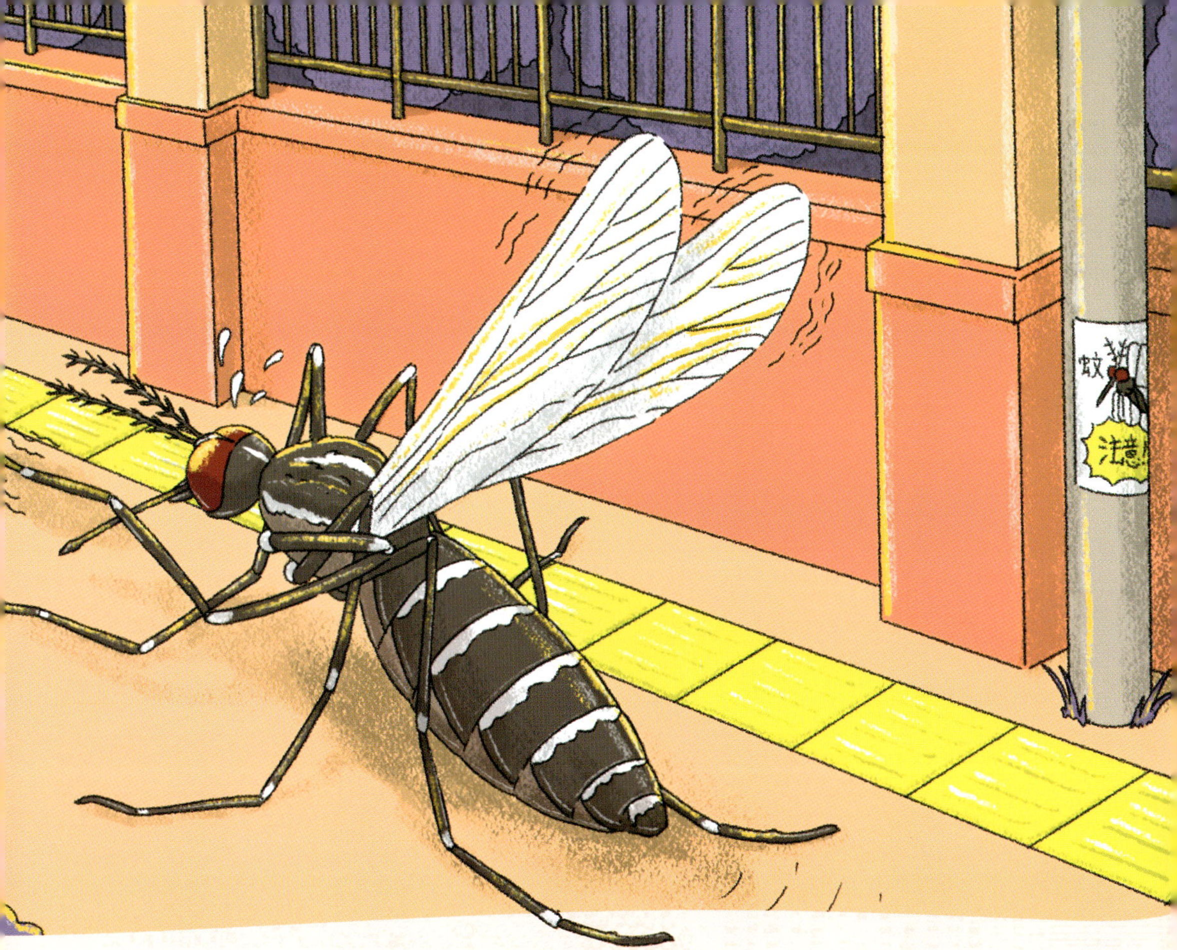

4.5mm의 모기가 150cm로 커지면 333배가 커진 거예요. 진동수는 확대 비율에 반비례하기 때문에 1초에 1.5번 퍼덕이게 되지요. 이 정도 날개의 움직임이라면, 하늘을 나는 건 어려울 거예요. 아마도 걸어서 인간을 공격하지 않을까요?

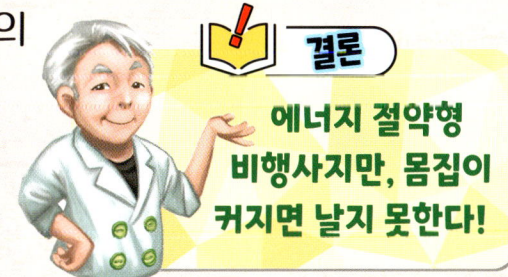

결론

에너지 절약형 비행사지만, 몸집이 커지면 날지 못한다!

곤충 정보 플러스+ 체온이 높거나 땀을 잘 흘리는 사람, 혈액형이 O형인 사람은 모기에 물리기 쉽다는 설이 있다.

모기의 뛰어난 비행 능력!

모기의 비밀

모기의 비행 자세

- 작은 눈이 여러 개 모인 겹눈
- 모기는 날개가 2개뿐이다. 모기가 날아다닐 때 나는 소리는 날갯짓하는 소리이다.
- 다른 곤충의 뒷날개가 있는 곳에 '평균곤'이라는 돌기가 있다.
- 보통의 곤충처럼 앞다리, 가운뎃다리, 뒷다리 총 6개의 다리가 있다.

흰줄숲모기
크기: 성충 4~5mm
분포: 한국, 일본, 타이완, 동남아시아 등

날갯짓 소리로 사랑을 찾는 모기!

전 세계에 3,500종 이상의 모기가 존재해요. 하지만 종류에 따라 날갯짓하는 횟수와 소리가 달라요. 모기는 상대가 자신과 같은 종류인지 아닌지를 날갯짓 소리로 구분하며, 수컷과 암컷이 서로의 날갯짓으로 화음을 맞출 때도 있다고 해요.

2장의 날개로도 잘 날 수 있는 비결

곤충 대부분이 4장의 날개를 가지고 있지만, 모기는 뒷날개가 퇴화해 2장뿐이에요. 그 대신 특별한 역할을 하는 '평균곤'이라는 감각 기관이 있지요. 비행 중 몸의 방향이나 각도를 파악할 수 있어서 빠르게 날면서도 자유롭게 방향을 틀거나 갑자기 멈출 수 있어요. 평균곤은 끝이 둥글게 부푼 아주 작은 기관인데, 이것이 없으면 모기는 제대로 날 수 없지요. 모기와 파리처럼 날개가 2장 밖에 없는 '쌍시목' 곤충이 평균곤을 가지고 있답니다.

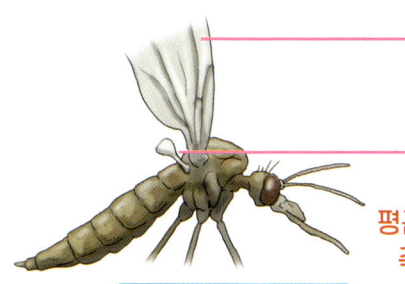

평균곤은 뒷날개가 있던 자리, 즉 좌우 양쪽에 달려 있다.

모기의 평균곤   파리의 평균곤

호기심 사전

하늘을 나는 거대 모기는 얼마나 빠를까?

만약 모기가 흉부 근육을 초인적으로 발달시켜 날 수 있다면 어떻게 될까요? 모기의 비행 속도는 시속 2km(초속 56cm)예요. 인간의 걷는 속도인 시속 4km의 절반이지요. 모기 몸길이가 4.5mm니까 1초에 자기 몸길이의 123배를 나는 거에요. 계산해 보면, 몸길이 150cm인 모기의 비행 속도는 시속 667km예요. KTX의 최고 속도가 305km이니, 2배 이상 빠르지요. 이런 모기와 전속력으로 들이받는다면? 시속 180km로 달려오는 무게 1t의 승용차와 충돌하는 것과 같아요. 그러니 거대 모기를 만나면 무조건 피해야겠지요?

무당거미

농구장만큼 커다란 거미줄을 친다?

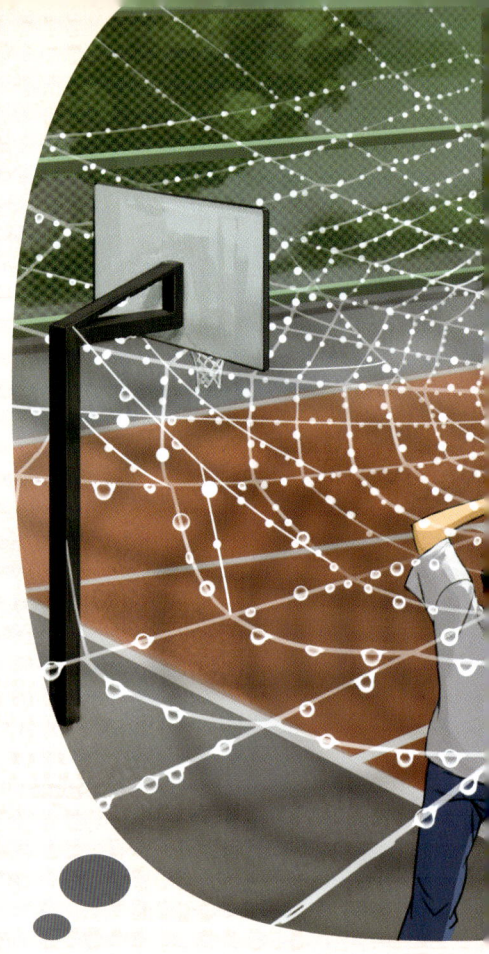

거미는 곤충이 아닌, 전갈이나 진드기와 같은 거미류!

거미는 4만여 종이 존재하며, 그중 절반 정도가 거미줄을 쳐요. 무당거미 암컷의 몸길이(머리에서 엉덩이까지의 길이)는 약 20mm이고, 수컷은 약 7mm예요. 다리 길이는 무려 4cm나 되지요.

인간 크기로 변신한 곤충
무당거미
거미줄을 치고 차분히 기다리는 모습이 멋지다. 끈끈한 거미줄처럼 끈질기다.

만약 무당거미가 몸길이이 150cm인 인간만해 지면 확대 비율은 60배로, 덩치가 승용차만큼 커져요. 게다가 다리 길이는 2.4m나 되지요. 몸길이 20mm일 때 만든 거미집의 크기가 세로 30cm, 가로 40cm였으니까 거대 거미가 되었을

때는 세로 18m, 가로 24m인 거미집을 만들 수 있어요. 이 정도면 크기 15m×28m인 공식 농구장과 비슷한 셈이지요.

인간이 이렇게 광활한 거미줄에 달라붙어 꼼짝 못하고 있을 때 자동차만 한 거미가 다가온다면, 과연 살아남을 수 있을까요?

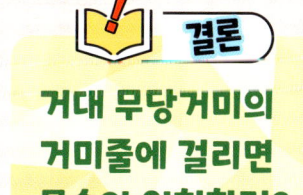

결론

거대 무당거미의 거미줄에 걸리면 목숨이 위험할걸?

곤충 정보 플러스+ 거미에게 커피를 마시게 하면 취해서 거미줄을 치지 못한다.

실뜨기의 달인
거미의 비밀

거미 몸의 구조

곤충은 다리가 6개이다. 그래서 다리가 8개인 거미는 곤충이 아니다.

곤충의 몸은 두부, 흉부, 복부의 세 부분으로 나뉜다. 하지만 거미의 몸은 두흉부와 복부뿐이다.

엉덩이 근처 '방적 돌기'에서 실을 뽑는다.

무당거미는 평면적이고 둥근 그물망 형태의 거미줄을 친다. 이 외에 입체적인 거미줄을 치는 거미도 있다.

무당거미
- 크기: 성충 6~30mm
- 분포: 한국, 일본, 타이완, 중국

거미줄 위로 자유롭게 돌아다니는 거미

거미줄은 거미의 엉덩이 근처에 있는 '방적 돌기'에서 나오는 실이에요. 거미는 끈적거리는 실과 끈적이지 않는 실, 두 종류의 실을 뽑아낼 수 있지요. 자신이 이동하기 위한 끈적거리지 않은 실과 먹이를 사냥하기 위한 끈적한 실을 구분하여 거미집을 지어요. 그래서 거미는 자신의 거미집에서 달라붙지 않는 것이랍니다.

거미줄의 구조
- 세로줄 (끈끈하지 않다)
- 가로줄 (끈끈하다)
- 바퀴통 (끈끈하지 않다)

거미집을 만들 때 말고도 쓸모가 다양한 거미줄

거미집은 종류에 따라 원형, 선반형, 부채형, 접시형 등 모양이 다양해요.
거미집을 짓지 않는 거미는 거미줄을 먹잇감에 직접 휘감아 사냥하거나 나무에서 늘어뜨려 이동하는 구명줄로 사용해요. 또한 거미줄로 알을 감싸서 보호하는 등 유용하게 활용하지요.
거미는 종류에 따라 수명도 달라요. 무당거미처럼 가을에 알을 낳고 죽는 종류가 있는가 하면 농발거미처럼 5~7년간 생존하는 거미도 있지요.

볼라스거미: 끈적한 방울이 달린 실을 휘둘러 먹잇감을 잡는다.
끈적이 방울

생명선
깡충거미: 실을 구명줄 삼아 점프해서 먹잇감을 덮친다.

함정 뚜껑
함정거미 작은 돌을 실로 연결한 뚜껑 달린 구멍으로 먹이를 유인해 사냥한다.

탄성이 뛰어난 초강력 실

무당거미 거미줄의 지름은 0.005mm(인간 머리카락의 20분의 1)예요. 무척 가늘어서 약할 것 같지만, 1㎟당 200kg의 힘을 견딜만큼 강도가 엄청나지요. 육지와 섬을 잇는 다리에 사용된 강철 케이블(1㎟당 180kg)보다 강력해요. 또한 탄성력이 뛰어나 길이가 20% 늘어나도 끊어지지 않아요. 그에 비해 방탄 조끼에 사용되는 '케블라' 섬유는 4%가 늘어나면 끊어져 버리지요. 만약 몸길이 150cm인 무당거미가 있다면 거미줄의 지름은 0.3mm일 거예요. 이 거미줄로 방탄 조끼를 만든다면, 방탄 기능이 엄청나겠죠?

개미귀신

절대 빠져나올 수 없도록 만든 구멍!

몸길이 1cm 정도에 무게는 약 0.05g인 개미귀신!

개미귀신은 몸길이의 4분의 1 정도 되는 큰턱으로 모래땅을 파서 구멍을 만들어요. 이 구멍을 '개미지옥'이라고 하지요. 개미지옥은 지름이 3~5cm이고 경사면의 기울기는 45~60도예요. 개미나 땅강아지 같은 곤충이 개미지옥에 떨어지면 개미귀신은 큰턱으로 붙잡아 독성 소화액을 주입한 뒤 몸통을 녹여서 빨아 먹어요. 껍데기만 남은 포획물의 몸통은 집 밖으로 휙 던져 버리지요. 이런 개미귀신이 인간만큼 커져서 몸길이 150cm가 된다면, 몸무게는

인간 크기로 변신한 곤충
개미귀신(명주잠자리 애벌레)
땅 위의 블랙홀인
개미지옥에 빠지면
탈출 불가능!

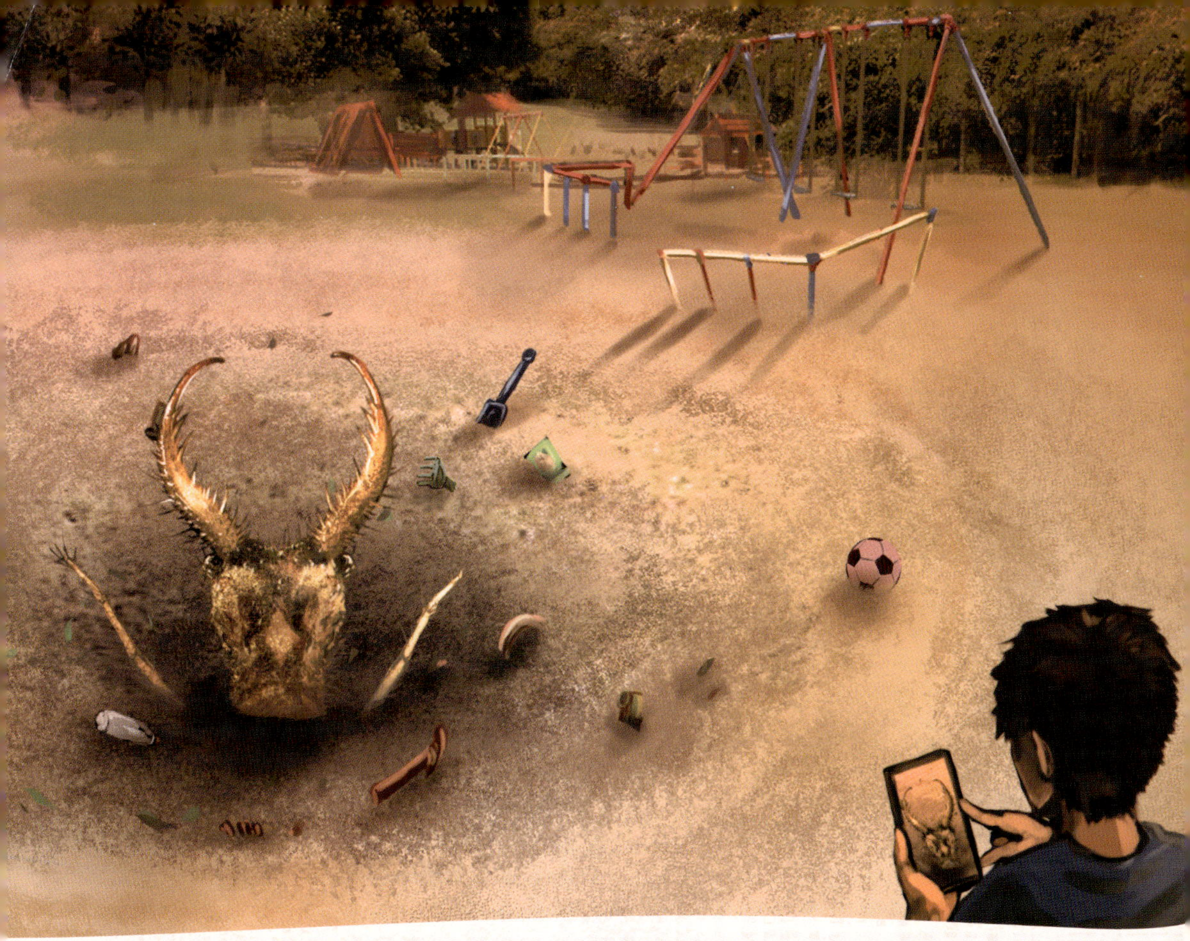

170kg이고 큰턱의 길이는 37.5cm가 돼요. 개미지옥의 지름은 4.5~7.5m가 되지요. 인간은 30도 이상의 경사면에서는 똑바로 설 수 없어요. 그래서 경사면이 45도 이상 기울어진 개미지옥에 사람이 빠지면 제대로 서지 못해 빠져나올 수 없지요.

결론
개미귀신이 커지면, '개미지옥'이 아니라 '사람지옥'이 될 거야!

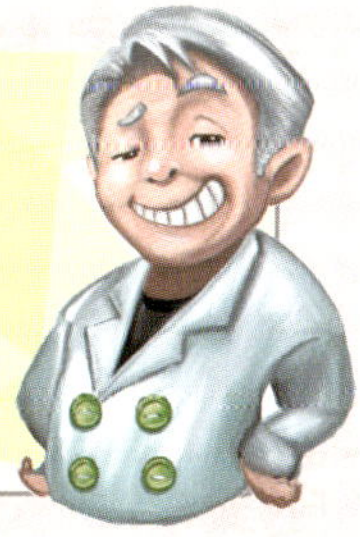

개미귀신의 집은 엄청난 급경사이다.

개미귀신은 어떻게 먹이를 잡을까?

개미귀신의 비밀

개미귀신 몸의 구조

모래에서 싸움을 벌일 때 몸에 난 억센 털(강모)로 몸을 고정할 수 있다.

뒤로만 움직일 수 있다.

뿔 모양의 큰턱과 납작한 머리는 삽의 역할을 한다.

개미귀신
크기: 10mm 전후
분포: 전 세계(건조하고 모래가 많은 지역)

큰턱과 작은턱의 구조

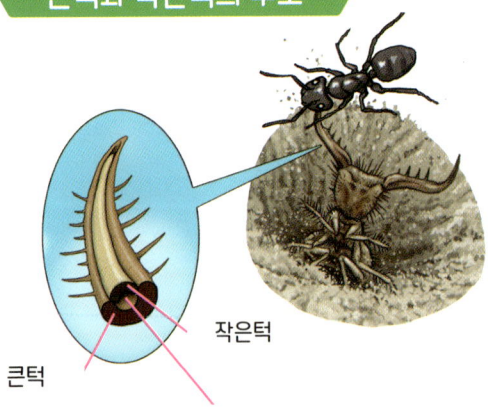

큰턱 / 작은턱 / 이 구멍을 통해 체액을 빨아들인다.

포획물의 숨통을 끊는 큰턱과 작은턱

머리 위에 커다랗게 튀어나온 부분이 큰턱이에요. 반원 모양의 큰턱 뒷면에는 홈이 패여 있어서 튜브를 반으로 자른 모양의 작은턱이 뚜껑처럼 덮여 있지요. 이 큰턱과 작은턱으로 포획물을 찔러 가운데 빈 곳으로 체액을 빨아들여요.

모래알 크기를 구별하는 개미귀신

개미귀신의 큰턱에는 3개의 이빨이 있어요. 이 이빨 사이에 걸리는지, 안 걸리는지의 차이로 모래알의 크기를 구분하지요. 만약 구멍 안에 굵은 모래알이 남아 있으면 구멍으로 떨어진 먹잇감이 밟고 탈출할 수도 있기 때문에 굵고 큰 모래알은 모두 구멍 밖으로 던져요. 이렇게 개미지옥은 먹잇감이 도망칠 수 없도록 작고 고운 모래만으로 완성된답니다.

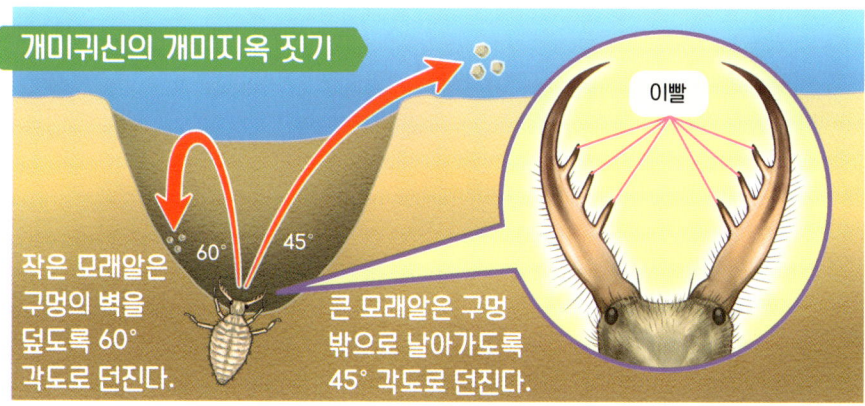

개미귀신의 개미지옥 짓기

작은 모래알은 구멍의 벽을 덮도록 60° 각도로 던진다.

큰 모래알은 구멍 밖으로 날아가도록 45° 각도로 던진다.

이빨

호기심 사전

2~3년이나 똥을 누지 않는 개미귀신

명주잠자리는 완전 탈바꿈을 해요. 2~3년을 개미귀신으로 보낸 뒤 번데기로 1개월, 성충으로 1개월을 살지요. 놀라운 점은 애벌레인 개미귀신은 항문이 없어서 똥을 싸지 않는다는 것이에요. 성충으로 탈바꿈한 뒤 항문이 생기면 그제야 똥을 누지요. 다행히 개미귀신은 먹잇감을 소화액으로 소화하고 빨아 먹으니까 똥이 많이 생성되지는 않아요.

하지만 인간이 3년 동안 똥을 누지 않는다면 어떻게 될까요? 하루 평균 250g의 똥을 배출하는 인간의 몸속에 270kg 정도가 쌓일 거예요.

놀라운 곤충! 호기심 돋보기

특이한 능력을 지닌 곤충!
육아를 담당하는 최강 아빠 곤충들

물자라

한국, 일본, 중국의 하천이나 저수지에 서식한다. 몸길이는 17~22mm이며 암컷은 한 번에 70개 정도의 알을 낳는다.

물장군

몸길이는 48~65mm이다. 한국, 일본, 중국의 늪이나 연못 등 고여 있는 물에 서식한다. 멸종 위기 야생 생물이다.

알을 보살피는 일은 수컷 담당이다?

곤충은 오랜 시간 자손을 남기기 위한 진화를 거듭해 왔어요. 보통은 애벌레가 무사히 자랄 수 있도록 먹이 근처에 알을 낳아요. 개미나 벌처럼 먹이 안에 알을 낳은 뒤 알과 애벌레를 보살피는 곤충도 있지요. 하지만 새끼를 돌보는 곤충은 소수에 불과해요.

물자라 암컷은 수컷의 등에 알을 낳아요. 수컷은 알이 부화할 때까지 약 3주간 알을 등에 업은 채로 생활하지요. 그래서 '알을 업었다'는 뜻인 '알지기'라는 별명으로 불리기도 해요. 알이 부화할 때는 적에게 공격당하지 않도록 이리저리 옮겨 다니며 부화시키지요.

물장군 수컷 역시 육아에 정성을 쏟아요. 암컷이 수면 위로 나온 수초에 알을 낳으면 마르지 않도록 물을 뿌리거나 알이 잡아먹히지 않도록 적을 위협해 쫓아내요. 알 위를 덮어서 직사광선을 차단하는 등 다양한 방법으로 알을 보호하려고 노력한답니다.

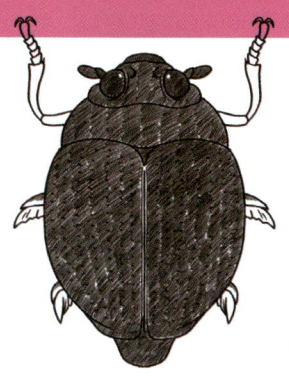

이야기 4

주변에서 보기 드문
놀라운 곤충

주변에 서식하지만 좀처럼 눈에 띄지 않거나

해외에만 서식하는 곤충도 있어요.

꼭 한 번쯤은 만나고 싶은 이 곤충들의

놀라운 생태를 알아볼까요?

물맴이

F1 머신보다 빠르게 물 위를 질주한다!

각각 중요한 역할을 담당하는 물맴이의 다리!

물맴이는 몸길이 7mm 정도의 갑충(딱정벌레)으로, 앞다리가 크게 발달했으며 가운뎃다리와 뒷다리는 짧고 폭이 넓어요.
평소에는 수면에서 지내며 물에 떨어진 모기나 깔다구(모깃과 닮은 파리의 일종)를 강력한 앞다리로 붙잡아 큰턱으로 씹어먹지요.
가운뎃다리와 뒷다리는 1초에 50번이나 회전하며 초속 60cm로 헤엄쳐요.
몸길이가 7mm니까 1초에 자기 몸의 86배를 나아가는 것이지요.
이런 물맴이가 인간만큼 커진다면?

물맴이

빛나는 몸통이 세련된 물맴이는 빠르게 헤엄치는 수면 위의 레이서!

초속 129m(시속 463㎞) 속도로 헤엄칠 수 있어요. 최고 기록이 시속 415km인 F1 머신보다 빠른 셈이에요. 이 속도로 헤엄치면 엄청난 파도가 일지 않을까요?

결론
눈에 잘 띄지는 않지만, 사실은 엄청난 능력의 곤충!

곤충 정보 플러스+ 옛날에는 강이나 밭에서 자주 볼 수 있었지만, 농약이나 환경 오염으로 사라지고 있다.

물맴이는 어떻게 살았을까?

물맴이의 비밀

물맴이 몸의 구조

몸통이 유선형이라 물의 저항을 덜 받는다.

더듬이가 달린 곳에 감각 기관이 있어서 물결을 감지한다.

긴 앞다리로 물을 저으며 나아간다. 가운뎃다리와 뒷다리는 짧아서 평소에는 몸통 아래에 숨겨 놓는다.

물 위와 물속을 동시에 볼 수 있도록 눈이 위와 아래로 나뉘었다.

물맴이
- 크기: 성충 60~75mm
- 분포: 한국, 일본, 타이완, 중국 등

물맴이와 물방개

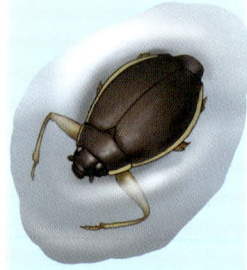

물맴이

긴 앞다리로 물을 저어 앞으로 나아간다.

물방개

커다란 뒷다리로 물을 저어 앞으로 나아간다.

얼핏 보면 꼭 닮은 물방개와의 차이점

물맴이는 수면 위를 고속으로 이동하며, 앞다리가 길어요. 물방개는 앞다리와 가운뎃다리보다 뒷다리가 더 길지요. 물방개는 주로 물속에서 생활하고, 물맴이는 주로 수면에서 생활해요.

물맴이 애벌레는 아가미가 20개?

물맴이는 완전 탈바꿈하는 곤충이에요. 봄에 수초의 줄기 등에 알을 낳는데, 물속에서 태어난 애벌레는 그대로 물속에서 생활해요. 성충이 되어서야 물 위로 올라오지요. 물맴이 애벌레는 다리 많은 지네처럼 생겼지만, 몸통 옆에 달린 것은 다리가 아니라 아가미예요. 아가미는 물속에 녹은 산소를 몸속으로 빨아들이는 기관이지요. 이 아가미 덕분에 물맴이 애벌레는 숨을 쉬려고 물 위로 올라오지 않아도 돼요.

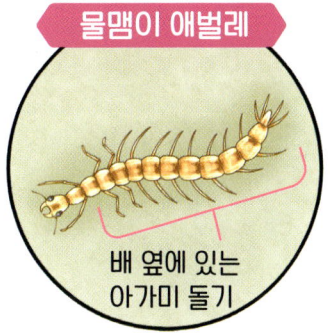

물맴이 애벌레

배 옆에 있는 아가미 돌기

육식성이며, 턱이 뾰족하다. 수중에서 아가미 호흡이 가능하다.

물맴이 번데기

진흙 덩어리 안에서 번데기로 변하기도 한다. '진흙고치'라고도 불리며, 1주일 정도면 성충이 된다.

연못에 떨어진 먹이는 놓치지 않아!

물맴이는 2개의 겹눈이 각각 위아래로 나뉘어 있어서 눈이 4개인 것처럼 보여요. 위쪽 눈으로는 하늘의 새를 경계하고, 아래쪽 눈으로는 물속 물고기를 살피지요. 그래서 수면에 떨어진 곤충은 볼 수 없어요. 그런 물맴이는 어떻게 먹잇감을 잡을까요? 먹잇감에 닿았다가 되돌아오는 물결을 감지해 먹잇감의 위치를 알아낼 수 있지요. 만약 거대 물맴이가 존재한다면? 인간이 연못에 빠질 때 생겨난 물결로 어디에 있는지 알아낸 뒤, F1 머신보다 빠르게 다가와서 강력한 앞다리를 휘두를지도 몰라요.

자이언트 웨타

몸무게가 468kg인 귀뚜라미!

지구에 서식하는 100만 종의 곤충 가운데 뉴질랜드에서 볼 수 있는 가장 무거운 곤충!

몸길이는 8cm이고, 몸무게는 70g이에요. 보통 몸무게가 10g인 수컷 장수풍뎅이보다 7배나 더 무거운 셈이지요. '자이언트'라는 이름이 붙을 만한 무게예요.

이 헤비급 귀뚜라미가 인간 크기인 150cm만큼 커진다면, 얼마나 무거워질까요? 계산해 보니, 무려 468kg이에요.

자이언트 웨타는 육식성으로, 자기보다 덩치가 큰 곤충이라도 앞다리로 누른 뒤, 강력한 큰턱으로 갈기갈기 씹어 버려요. 우리가 알고 있는 귀뚤귀뚤~

인간 크기로 변신한 곤충
자이언트 웨타
뉴질랜드에만 사는 손바닥 크기의 날개 없는 귀뚜라미!

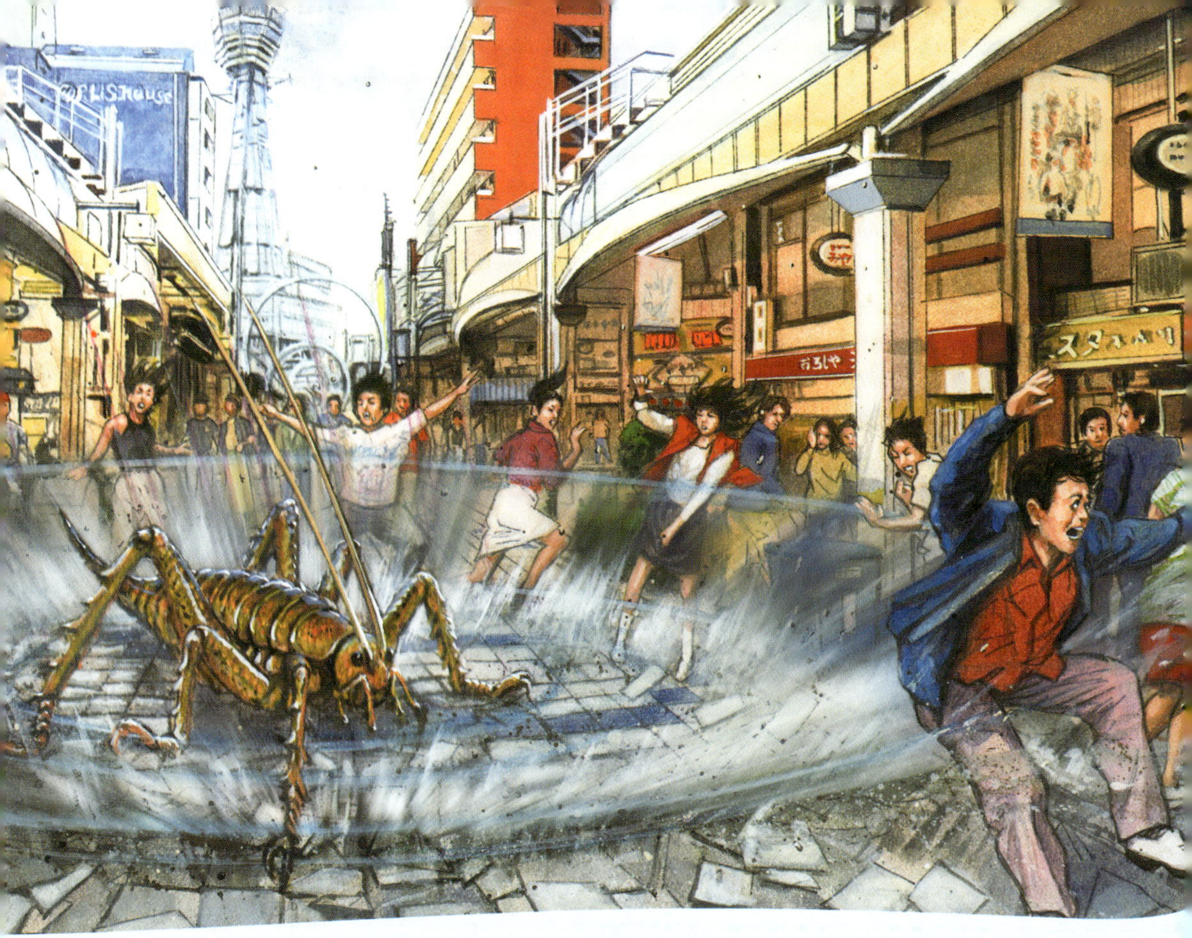

우아하게 울며 가을의 시작을 알려 주는 귀뚜라미와는 전혀 다른 모습이지요.

만약 자이언트 웨타가 거대해진다면 인간은 순식간에 먹잇감이 되고 말 거예요. 생각만으로도 소름 돋지요?

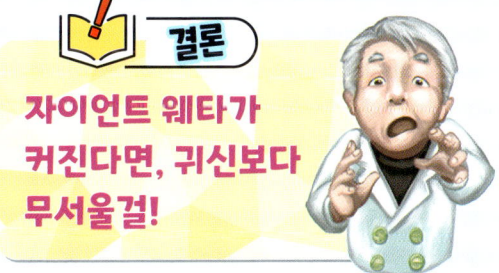

결론

자이언트 웨타가 커진다면, 귀신보다 무서울걸!

곤충 정보 플러스+ 귀뚜라미가 15초 동안 운 횟수로 기온을 알 수 있는 공식이 있다.

왜 이렇게까지 거대한 걸까?
자이언트 웨타의 비밀

자이언트 웨타와 왕귀뚜라미의 크기 비교

왕귀뚜라미
- 크기: 성충 25~30mm
- 분포: 한국, 일본 등 아시아

귀뚜라미 중 대형에 속하는 왕귀뚜라미도 자이언트 웨타 크기의 3분의 1 정도이다.

어른 손바닥을 덮을 정도의 크기

자이언트 웨타
- 크기: 성충 80~100mm
- 분포: 뉴질랜드 리틀 베리어섬

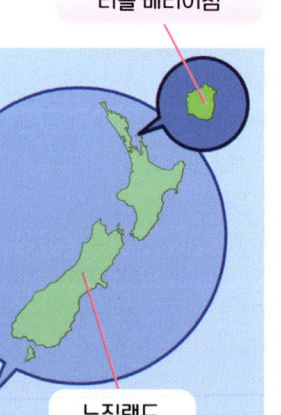

한국 / 리틀 베리어섬 / 뉴질랜드 / 오스트레일리아

단 하나의 섬에서만 서식하는 자이언트 웨타

자이언트 웨타의 몸집이 거대해진 이유는 진화 과정에서 천적으로부터 도망칠 필요가 없었기 때문이에요. 지금은 연구원들만 들어갈 수 있는 뉴질랜드의 리틀 베리어섬에서만 서식하지요. 그 외 지역에서는 고양이 등에게 잡아먹혀 멸종되고 말았어요.

울음소리로 알아보는 귀뚜라미의 기분

왕귀뚜라미는 '코로코로릿' 하고 울며 주변에 자신의 영역을 알려요. 싸울 때는 '킥킥' 하고 우는 등 상황에 따라 다른 울음소리를 내지요. 특이한 건 수컷 귀뚜라미만 울음소리를 낸다는 것이에요. 암컷이 흙 속에 낳은 알은 그 상태로 겨울을 보내고 다음 해 초여름에 애벌레로 탄생해요. 탈피를 반복하는 과정에서 날개가 생기는데, 애벌레일 때는 날개가 작아서 울음소리를 내지 못해요. 가을에 마지막 탈피가 끝나면 날개가 커져서 울 수 있게 되지요.

귀뚜라미의 성장

흙 속에서 갓 모습을 드러낸 애벌레
몸길이는 2mm 정도이며, 아직 날개가 없다.

작은 날개

여러 번 탈피를 거치며 커지는 단계

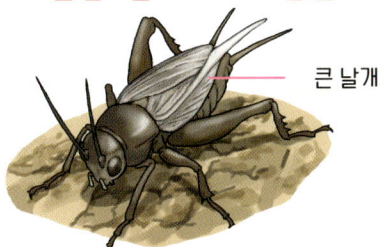

큰 날개

마지막 탈피를 마친 단계
큰 날개가 생기며 이후로 점점 몸의 색깔이 검게 변한다.

호기심 사전

소리 없이 접근하는 검은 그림자!

귀뚜라미의 오른쪽 앞날개 뒷면에는 뾰족한 톱니가 있어요. 왼쪽 앞날개 겉면에는 마찰편이 달려 있지요. 귀뚜라미는 이 톱니와 마찰편을 비벼서 소리를 내고 '발음기'라는 막으로 소리를 확대해요.
여치는 왼쪽 날개에 톱니가 있고 오른쪽 날개에 마찰편과 발음기이 있지요.
하지만 자이언트 웨타는 날개가 없어요. 그래서 울음소리를 내지 못해요. 만약 자이언트 웨타가 소리 없이 다가와 그 거대한 입으로 덥석 물어 버린다면? 무서운 곤충일수록 큰 소리로 울며 어디에 있는지 위치를 알려 주었으면 좋겠어요.

쇠똥구리

대굴대굴 굴러다니는 지름 7.5m의 똥!

거꾸로 서서 가운뎃다리와 뒷다리로 똥을 굴리는 쇠똥구리!

똥의 무게는 쇠똥구리 몸무게의 천배나 돼요. 쇠똥구리는 딱정벌레 일종인데, 종류가 많아서 몸길이가 2mm에서 17cm까지 다양하지요. 그중 왕쇠똥구리의 몸길이는 3cm 전후이며, 무게는 2g이에요. 똥 무게는 무려 2kg이지요. 인간의 대변(1L당 평균 1.06kg)과 밀도가 같다고 치면, 똥의 지름은 15cm예요. 자기 몸길이의 5배 크기지요.

만약 왕쇠똥구리가 인간 크기인 몸길이 150cm, 몸무게 250kg만큼 커진다면? 굴리는 똥의 크기는 지름 7.5m, 무게는

인간 크기로 변신한 곤충
왕쇠똥구리
부지런히 똥을 운반하는 모습이 신통하다. 기이하면서도 귀여운 공굴리기 천재!

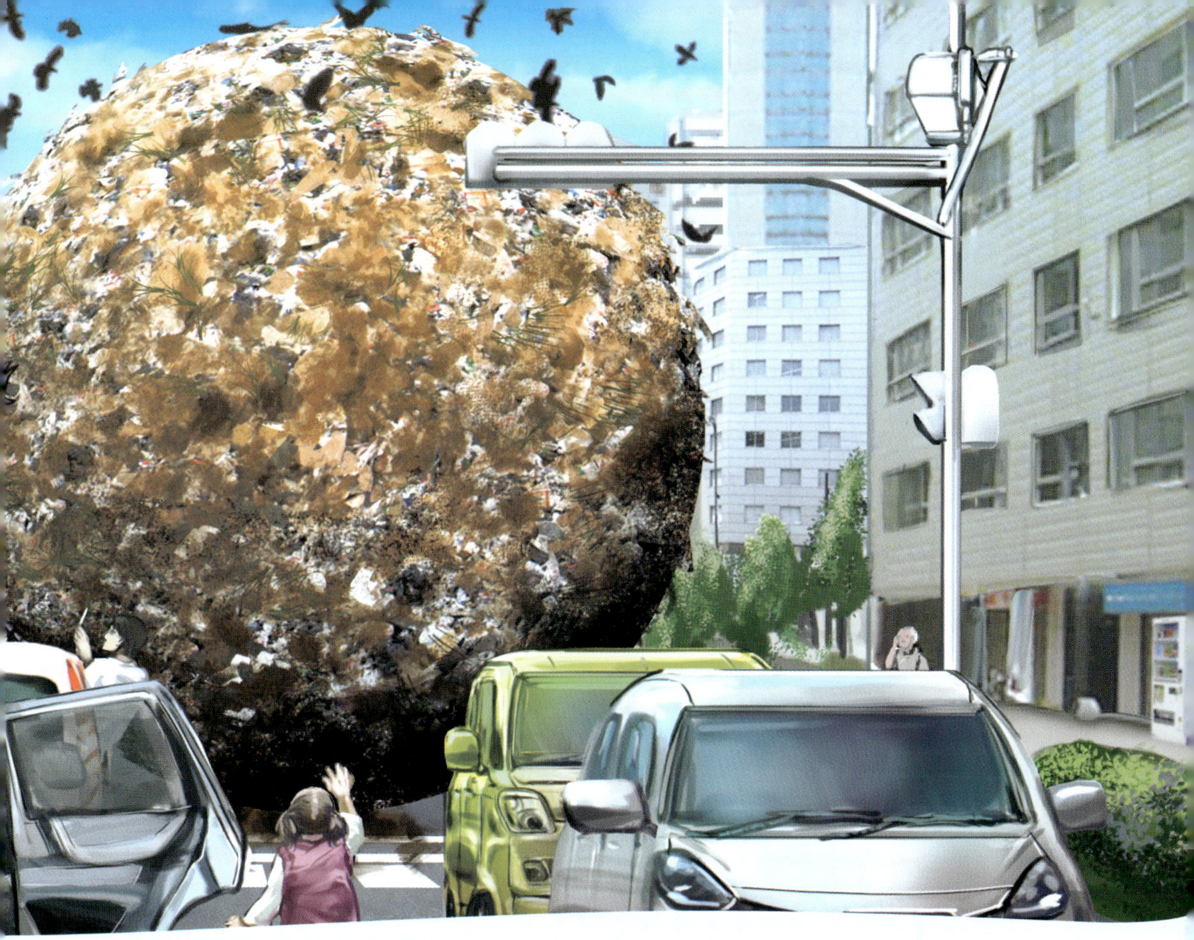

250t인 슈퍼 울트라 똥 덩어리가 돼요. 보통 1차선 도로 폭이 3~3.5m니까 슈퍼 울트라 똥 덩어리는 2차선 도로를 통과할 수조차 없게 되지요. 그러니 절대 거대 쇠똥구리 근처에는 가지 않기로 해요. 똥에 깔리는 것만큼 안타까운 사고도 없으니까요.

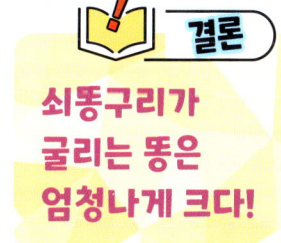

결론

쇠똥구리가 굴리는 똥은 엄청나게 크다!

곤충 정보 플러스+ 밀도란, 정해진 크기의 무게를 나타내는 수치이다. 값이 클수록 내부가 가득 찼다는 뜻이다.

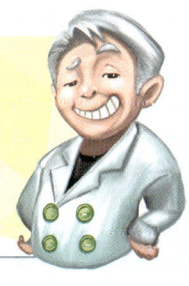

쇠똥구리는 어떻게 똥을 굴릴까?

쇠똥구리의 비밀

쇠똥구리 몸의 구조

등이 단단한 앞날개로 뒤덮인 딱정벌레. 장수풍뎅이나 사슴벌레의 일종이다.

살짝 긴 뒷다리로 똥을 굴려서 운반한다.

작은 눈이 여러 개 모여 있는 겹눈

쇠똥구리
- 크기: 성충 26~40mm
- 분포: 유럽, 아프리카, 중동, 아시아

똥을 굴리지 않는 분충

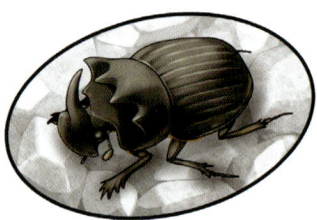

뿔쇠똥구리
똥 덩어리 아래로 굴을 판다. 커다란 뿔이 솟아 있다.

금풍뎅이
똥 아래로 터널을 판다. 광택 있는 몸통이 특징이다.

동물의 똥을 먹는 곤충인 '분충'

분충 중에는 똥을 굴리거나 똥 아래쪽 땅을 파고 그 안으로 똥을 옮기는 등 다양한 종류가 있어요. 그중 똥을 둥글게 말아서 굴리는 풍뎅이류가 바로 쇠똥구리예요. 쇠똥구리는 똥을 먹고 똥 안에 알을 낳는답니다.

거꾸로 서서 아래를 보고 전진해도 길을 헤매지 않는 비결은?

쇠똥구리는 낮에 활동하는 종류와 밤에 활동하는 종류가 있어요. 낮에 활동하는 쇠똥구리는 태양으로 방향을 파악해요. 태양을 기준으로 삼을 수 없을 때는 바람으로 방향을 판단하지요. 밤에 활동하는 쇠똥구리는 달빛과 은하수를 기준으로 삼아요. 남아프리카에서 실시한 실험에서 천체 투영관에 은하수를 보여 주었더니 쇠똥구리가 집을 향해 똑바로 나아갔다고 해요.

똥을 굴리며 방향을 판단하는 법

쇠똥구리는 밤하늘의 별을 기억하기 위해서 똥을 굴리기 전 똥 위에 올라타 빙글빙글 돈다.

- 은하수
- 별의 위치를 기억한다.
- 집 방향

호기심 사전

지름 7.5m의 똥이 엄청난 스피드로 굴러온다면?

몸길이 3cm인 왕쇠똥구리는 1분에 7~9m나 똥을 굴려요. 만약 왕쇠똥구리가 인간만큼 커지면 어떤 일이 벌어질까요? 똥을 1분에 7m 굴린다고 가정하면, 몸길이의 233배에 달하는 길이예요. 몸길이가 150cm로 커지면, 1분에 350m(1.5m×233배)를 굴리는 셈이지요. 1시간이면 시속 21km(2만 1,000m)로, 초등학생이 자전거를 타는 정도의 속도예요. 거대 쇠똥구리가 7.5m의 똥 덩어리를 굴리며 다가온다면? 뛰어 봤자 똥에 깔릴 게 뻔하니, 자전거로 질주하는 연습을 해 두어야 할 것 같아요.

쇠똥구리

150m나 되는 기다란 똥을 싸는 곤충!

길이가 무려 3m나 되는 똥을 싸는 쇠똥구리!

몸길이 3cm인 쇠똥구리는 자기 몸의 100배 길이의 똥을 눠요. 만약 이런 쇠똥구리가 인간만큼 커진다면? 몸길이 150cm로 커진 쇠똥구리는 무려 150m 길이의 똥을 눌 거예요. 한반도(남북한)의 길이는 1,110km(최남단인 제주도의 마라도부터 최북단인 함경북도 온성군까지 측정)예요. 7,400마리의 거대 쇠똥구리가 똥을 싸면 한반도를 뒤덮어 버릴 수 있지요. 그런데 쇠똥구리는 세계에 3만 종이나 있어요. 1종류에 1만 마리만 존재한다 해도 총 3억 마리예요.

인간 크기로 변신한 곤충

왕쇠똥구리
똥 하나를 두고 서로 물고 뜯는 똥 배틀이 벌어지기도 한다.

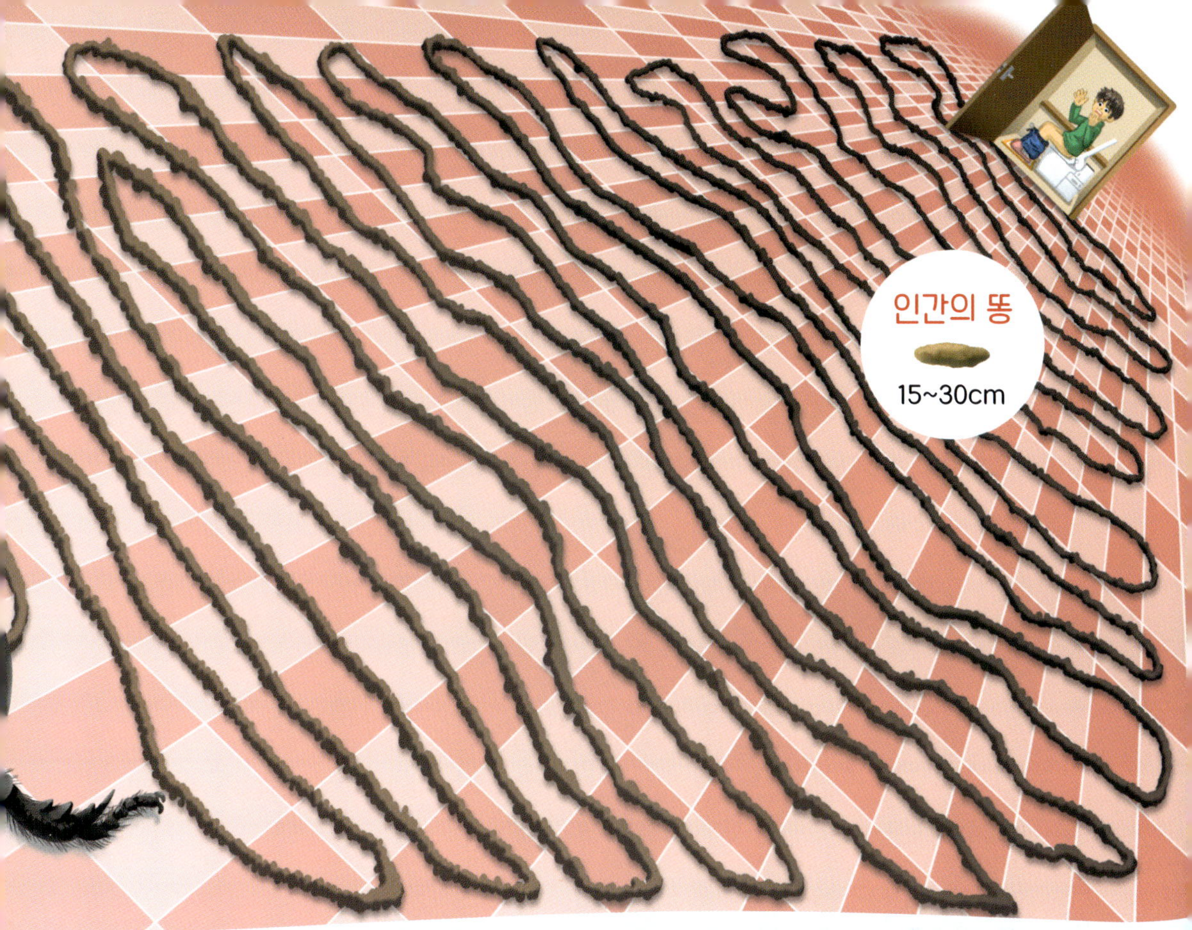
인간의 똥
15~30cm

쇠똥구리가 거대화하지 않고 원래 크기인 '몸길이 3cm, 똥 길이 3m'를 유지한다 해도 똥을 전부 연결하면 9억m, 즉 90만km로 지구를 22.5바퀴 돌 수 있어요. 지구에서 달까지의 거리인 38만 4,000km를 왕복할 수도 있지요. 쇠똥구리는 정말 엄청나지요?

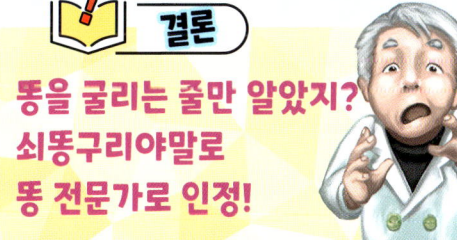

결론
똥을 굴리는 줄만 알았지?
쇠똥구리야말로
똥 전문가로 인정!

곤충 정보 플러스+ 지구를 한 바퀴 돌면 4만km이다. 처음으로 이 계산을 시도한 것은 약 2,500년 전의 수학자이다.

왜 그렇게 똥을 좋아할까?
쇠똥구리의 비밀

쇠똥구리 몸의 구조

앞날개 밑에 뒷날개를 접어 넣는다. 날 수 있는 종류와 날지 못하는 종류가 있다.

삽처럼 생긴 머리 돌기와 앞다리로 손질해 공 모양의 똥 덩어리를 만든다.

똥을 먹는 것은 쇠똥구리의 생존 전략

다른 생물과 먹잇감을 두고 싸울 일이 적으면 생존 확률을 높일 수 있어요. 그래서 쇠똥구리는 다른 생물이 먹지 않는 똥을 먹도록 진화한 것이지요. 하지만 똥은 다른 생물이 영양을 소화하고 남은 찌꺼기라 영양분이 적어요. 따라서 필요한 영양을 얻기 위해 많은 똥을 먹어야 하지요. 그래서 쇠똥구리 자신도 많은 똥을 배출하는 것이랍니다.

쇠똥구리는 이집트의 신성한 존재

고대 이집트에서는 쇠똥구리를 '스카라베'라 부르며 숭배했어요. 쇠똥구리가 굴리는 똥이 고대 이집트에서 신으로 섬긴 태양처럼 둥근 모양이었기 때문이지요. 쇠똥구리가 똥을 흙에 묻고 그 안에 알을 낳으면 애벌레가 나와요. 그 모습을 본 고대 이집트인들은 구슬에서 새로운 생명이 태어나는 것으로 생각하며 쇠똥구리를 부활과 재생을 상징하는 신성한 곤충으로 여겼지요. 쇠똥구리는 벽화의 장식이나 장신구로 만들어졌고, 고대 이집트의 상형문자에도 사용되었어요. 고대 이집트 왕으로 유명한 투탕카멘의 무덤에서 쇠똥구리가 발견되기도 했어요.

왕의 무덤에 그려진 쇠똥구리 벽화. 이집트 나일강의 서쪽 강가에는 고대 이집트 왕의 무덤이 모여 있는 왕가의 계곡이 있어요.

1년 동안 91t의 똥을 배설한다!

쇠똥구리가 그 작은 몸으로 3m의 긴 똥을 배출하는 비결은 많이 먹기 때문이에요. 먹는 똥의 양과 싸는 똥의 양이 자기 몸무게와 같지요. 몸길이 3cm, 무게 2g인 왕쇠똥구리가 몸길이 150cm로 커지면 몸무게는 250kg이 돼요. 먹는 똥의 양과 배출하는 똥의 양이 같으니까 매일 250kg, 연간 91t의 똥을 싸지요. 이 똥을 비료로 사용하면 7만 3,000㎡에 뿌릴 수 있어요. 농가 한 집의 평균 경지(농사를 짓는 땅) 면적이 1만 2,000㎡라고 하면, 거대 쇠똥구리 한 마리면 여섯 농가에 도움을 줄 수 있어요.

총알도 튕겨 내는 강철 몸통!

6만 여 종이나 있는 바구미 중 보석바구미는 240종!

크로카타바구미는 몸길이 1.1~1.5cm로, 일본에 사는 유일한 보석바구미예요. '단단한 바구미'라는 이름 뜻 그대로 외골격이 단단해서 곤충 표본핀이 꽂히기는커녕 휘어 버릴 정도지요. 사람에게 밟히거나 차에 치여도 죽지 않을 정도라 새들도 잡아먹으려고 하지 않아요. 즉 천적이 존재하지 않지요. 이런 크로카타바구미가 인간만큼 커진다면? 몸길이 1.5cm인 크로카타바구미가 150cm로 커지면 확대 비율은 100배예요. 몸길이가 100배 커지면 몸무게는 100만 배(100×100×100)로 늘어나니까 몸의 강도 역시 100만 배 강해져요. 끝이 뾰족한, 지름 5cm의 쇠 막대기를 100만kg의 힘으로 눌러도 크로카타바구미의 몸통을 뚫지 못하지요. 이 정도면 총알도 튕겨 내지 않을까요?

크로카타바구미

움직이는 호리병처럼 생겼다. 나도 모르게 만지고 싶어지는 비주얼!

도대체 어떤 곤충일까?

보석바구미의 비밀

보석바구미 몸의 구조

- 양쪽 앞날개가 달라붙어 사이에 공간이 없다.
- 작은 눈 여러 개가 모인 겹눈
- 긴 턱이 특징

크로카타바구미
- 크기: 성충 11~15mm
- 분포: 일본 난세이 제도

바구미의 입

입 끝에 단단한 턱을 가진 바구미

코끼리 코처럼 긴 부분은 코가 아니라 입

코스타리카에 서식하는 바구미예요. 기다란 입 끝에 큰턱이 달려 있어서 입을 드릴처럼 이용해 도토리 같은 단단한 나무 열매에 구멍을 뚫을 수 있지요. 뚫린 구멍으로 열매를 파먹거나 열매 안에 알을 낳기도 하지요.

색이 화려한 보석바구미

단순한 색의 보석바구미도 있지만 무늬가 화려한 보석바구미도 존재해요. 특히 필리핀에는 여러 종류의 보석바구미가 서식하지요. 보석바구미 중에는 새도 잡아먹지 못할만큼 몸통이 단단하게 진화해 곤충의 천적인 새로부터 몸을 보호하는 종류가 있어요. 또 몸통은 그리 단단하지 않지만, 눈에 띄는 화려한 무늬를 이용해 새로부터 몸을 보호하는 종류도 있지요.

카가야키 보석바구미

콘게스투스 보석바구미

물방울보석바구미

아크로니아점박이 보석하늘소

호기심 사전

보석바구미의 몸통이 단단한 이유는 무엇일까?

보석바구미의 몸에 있는 세균이 영양분을 흡수하는 대신 외골격을 단단하게 하는 '타이로신'이라는 물질을 엄청나게 많이 만들어 내요. 또한 보석바구미의 앞날개는 양쪽이 달라붙어 펼쳐지지 않고 뒷날개는 퇴화했어요. 그래서 날 수 없지요. 이처럼 보석바구미는 오로지 방어 능력 위주로 철저히 진화했어요. 이런 보석바구미가 인간만큼 커진다면? 천적도 없고 인간의 공격마저 통하지 않으니 무척 골치아픈 존재가 될 거예요. 부디 거대해지지 않기를 바랄 뿐이에요.

UFO처럼
화려하게 빛나는
곤충!

**반딧불이처럼 반짝반짝
빛을 내는 발광방아벌레!**

발광방아벌레는 등의 좌우 두 군데와 복부까지 모두 세 군데에서 빛이 나요. 등 쪽은 녹색, 복부 쪽은 오렌지색 빛을 내지요.
발광방아벌레의 몸길이는 약 3cm이고 등의 발광기는 지름 1.5mm예요. 복부의 발광기는 앞뒤로 2mm, 좌우로 4mm지요. 이런 발광방아벌레의 몸길이가 150cm로 커진다면 확대 비율은 50배이고, 등의 발광기는 지름 7.5cm가 돼요. 야구공(7.3cm)보다 커지는 셈이지요. 복부의 발광기는 세로 10cm, 가로 20cm로 커져요.

발광방아벌레
빛을 내는 차원이 다르다.
꼭 한번 실제로 보고 싶은
신비한 곤충!

실제 크기일 때 발광방아벌레의 빛은 5㎜ 떨어진 신문의 글씨가 선명하게 보일 정도의 밝기예요. 그럼, 거대 발광방아벌레는 1.8m 떨어진 곳까지 환하게 비출 수 있어요. 이대로라면 눈이 부셔서 쳐다보기 힘들지 않을까요?

결론
발광방아벌레가 거대해진다면 분명 멋있을 거야!

곤충 정보 플러스+ 발광방아벌레는 방아벌레의 일종이다. 우리나라에는 다양한 방아벌레가 서식한다.

발광방아벌레는 반딧불이와 어떻게 다를까?

발광방아벌레의 비밀

발광방아벌레 몸의 구조

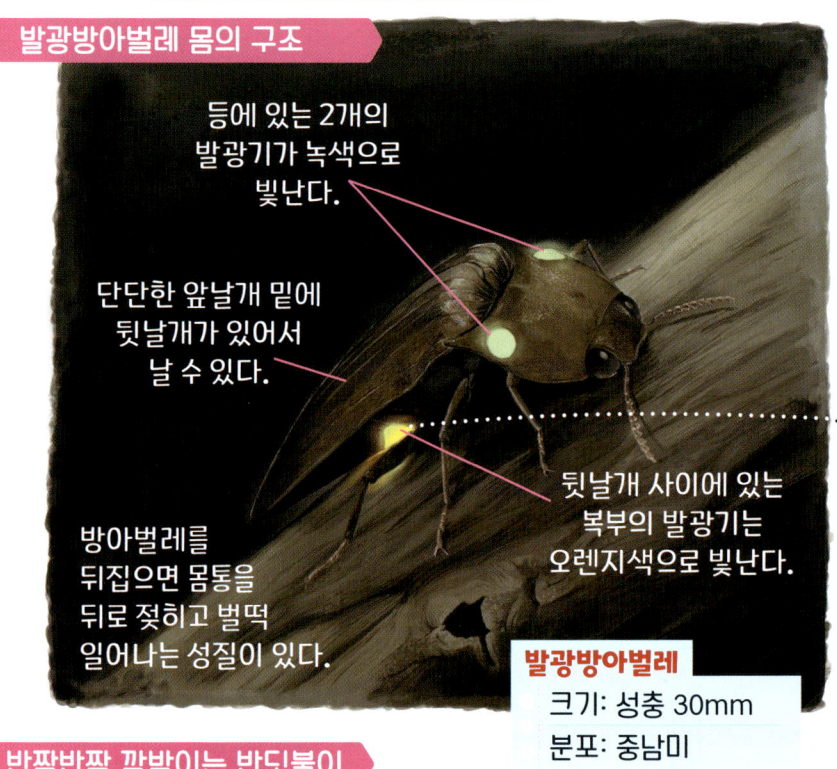

등에 있는 2개의 발광기가 녹색으로 빛난다.

단단한 앞날개 밑에 뒷날개가 있어서 날 수 있다.

뒷날개 사이에 있는 복부의 발광기는 오렌지색으로 빛난다.

방아벌레를 뒤집으면 몸통을 뒤로 젖히고 벌떡 일어나는 성질이 있다.

발광방아벌레
크기: 성충 30mm
분포: 중남미

반짝반짝 깜박이는 반딧불이

반짝 반짝 반짝

계속 빛나는 발광방아벌레

계속해서 반짝이는 발광방아벌레

불이 켜졌다 꺼졌다 하는 반딧불이와 달리 발광방아벌레는 쉴 때를 제외하고 항상 빛이 나요. 일부러 눈에 띄게 하여 '난 맛이 없어!'라고 경고하며 자신을 보호하거나 짝짓기 상대를 찾아 동료끼리 신호를 주고받는 것이지요.

발광방아벌레가 빛나는 원리

발광방아벌레의 등과 복부가 다른 색으로 빛나는 이유는 바로 발광을 돕는 '루시페라아제'라는 물질 때문이에요. 등과 복부의 루시페라아제 종류가 달라 빛의 색깔이 다른 것이지요.
계속 켜 두면 뜨거워지는 전구와 달리, 발광방아벌레는 계속 빛나도 뜨거워지지 않아요. 루시페라아제는 열을 거의 발생하지 않기 때문이에요.

발광방아벌레의 발광기
복부의 발광기는 가운뎃다리와 뒷다리 사이에 있다.

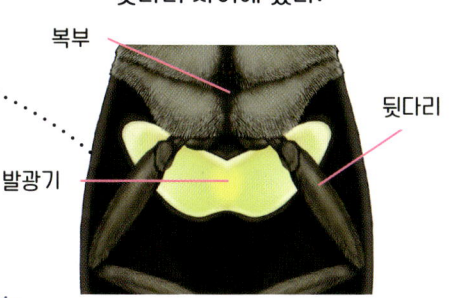

전구가 빛을 내는 원리
전구 안의 필라멘트 부분에 전류가 흘러 빛과 열을 발생시킨다.

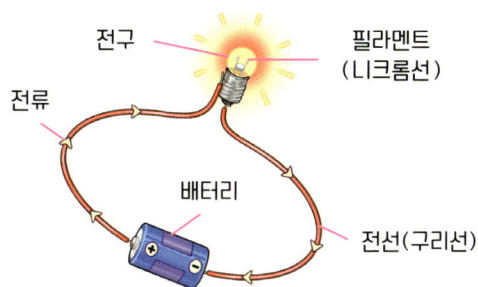

호기심 사전
빛으로 유인해 꿀꺽 잡아먹기!

남아메리카의 우기가 시작되는 일주일 동안 흰개미의 개미집이 환하게 빛나는 환상적인 광경을 볼 수 있어요. 발광방아벌레 애벌레가 개미집에 구멍을 파고 숨어들어 열심히 빛을 밝히기 때문이지요.
곤충들은 빛에 가까이 다가가려는 습성이 있어요. 흰개미 역시 빛에 가까이 다가가려다 발광방아벌레 애벌레에게 잡아먹히고 말지요. 그러니 거대한 애벌레의 빛을 발견하더라도, 절대 가까이 다가가지 말아요. 발광방아벌레 애벌레에게 와그작 잡아먹힐지도 모르니까요.

모르포나비

인간 크기로 변하면 색깔이 달라지는 나비!

파란색으로 빛나는 아름다운 모습 때문에 '숲의 보석'이라고 불리는 모르포나비!

모르포나비의 인편(비늘 모양의 가루)에는 투명하고 작은 판이 층층이 배열되어 있어요. 그 판의 양쪽 위아래로 얇은 주름이 잡혀 있는데, 주름과 주름 사이의 폭에 따라 정해진 색깔의 빛이 반사돼요. 폭이 좁으면 파란색, 중간이면 녹색이나 노란색, 폭이 넓으면 붉은색으로 보이지요. 모르포나비 인편의 주름은 파란색을 반사하도록 배열되어 있어요. 이렇게 모양과 크기, 배열 방법에 따라 색이 나타나는 것을 '구조색'이라고 해요. 무지개나 비눗방울, 하늘이 파란 것도 구조색이지요.

만약 모르포나비가 인간만큼 커진다면? 주름 폭이 커져서 어떤 색의 빛도 반사하지 못하게 돼요. 모르포나비의 아름다운 파란색은 원래 크기일 때만 볼 수 있는 것이에요.

모르포나비
모르포나비를 발견하면 압도적으로 아름다운 모습에 시선이 집중된다.

왜 파란색으로 빛나는 걸까?

모르포나비의 비밀

모르포나비 몸의 구조

모르포나비
크기: 성충 70~200mm
분포: 중남미

- 날개맥이 얇은 날개를 지탱하는 뼈 역할을 한다.
- 끝이 면봉처럼 부풀어 오른 더듬이
- 날개에는 작은 판 모양이 층층이 쌓인 인편이 붙어 있다.

인편의 단면

① 다양한 색의 빛이 날개에 닿는다.
② 파란색 빛이 반사된다.
③ 파란색 빛 이외의 빛은 사라진다.

인편의 판 구조

모르포나비의 구조색 탐구

모르포나비의 날개를 파란빛으로 보이게 하는 인편은 왼쪽 그림과 같은 모양이에요. 판 사이의 간격은 1만 분의 2mm 정도이지요. 무지개가 일곱 가지 색으로 보이는 것처럼 빛에는 여러 가지 색이 있어요. 모르포나비의 인편은 그중에서 파란색을 반사하는 간격으로 배열되어 있지요.

날개 뒷면의 밋밋한 색깔에도 역할이 있다!

모르포나비가 아름다운 파란색을 띠는 것은 날개의 겉면뿐이에요. 뒷면은 눈에 띄지 않는 수수한 색이지요. 사실, 모르포나비 날개의 겉면 인편은 투명해요. 반면 뒷면의 인편에는 색을 내는 물질인 색소가 있으며 색소에는 빛을 흡수하는 성질이 있어요. 그래서 날개 뒷면은 땅에서 반사하는 빛을 흡수하지요.

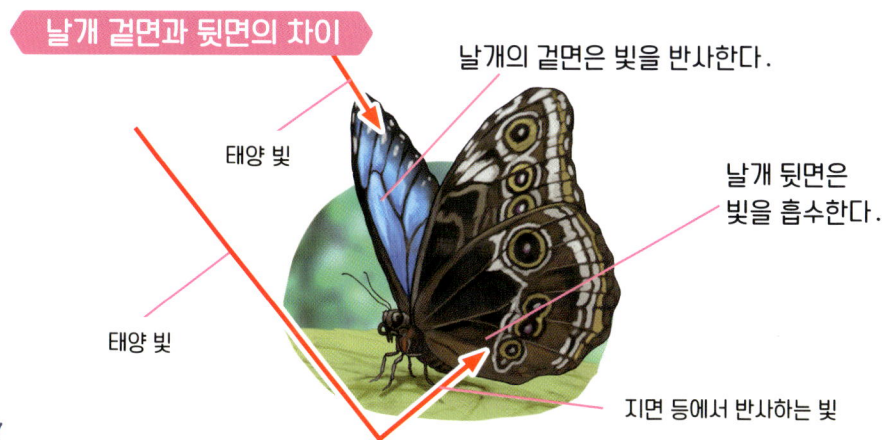

날개 겉면과 뒷면의 차이
태양 빛
날개의 겉면은 빛을 반사한다.
날개 뒷면은 빛을 흡수한다.
태양 빛
지면 등에서 반사하는 빛

호기심 사전

구조색으로 빛나는 곤충

호랑나비의 선명한 붉은색이나 풍뎅이의 금속 광택은 구조색 때문이에요. 그중에서도 비단벌레는 특히 아름다운 구조색을 가졌어요. 얇은 막이 여러 겹 겹쳐 있는 몸통에 빛이 비스듬히 닿으면 각각의 빛을 반사해요. 그래서 몸통을 정면에서 바라보면 파랗고, 그 주변은 녹색과 노란색, 붉은색으로 빛나요. 바라보는 각도를 바꿔도 정면은 언제나 파랗지요. 이러한 현상은 구조색이 아니라면 일어나지 않아요. 하지만 이렇게 아름다운 곤충도 인간 크기만큼 커지면 구조색이 생기지 않아 평범한 곤충이 되고 말지요.

보석풍뎅이

은색으로 번쩍이는 거울 같은 곤충!

**곤충 로봇이나 우주 곤충처럼
은색과 금색으로 빛나는 보석풍뎅이!**

중남미에서 서식하는 보석풍뎅이는 몸길이가 2~3cm이고, 50~100종류가 있어요. 보석풍뎅이의 신비한 색깔 또한 모르포나비와 같은 구조색이지요. 하지만 모르포나비가 파란색 빛을 반사해 파랗게 보이는 것과 달리, 보석풍뎅이는 모든 색의 빛을 반사해 은색으로 보여요. 특히 노란색 빛을 강하게 반사하는 종류는 은색에 노란색이 더해져 금색으로 보이지요. 만약 보석풍뎅이가 인간만큼 커진다면, 모르포나비처럼 구조색도 사라질까요? 보석풍뎅이의 구조색은 몸의 구조가 아니라, 분자(물질을 구성하는 작은 알갱이)의 배열 방식에서 생겨요. 즉, 인간만큼 몸이 커져도 분자의 크기는 달라지지 않기 때문에 다행히 보석풍뎅이는 계속 은색으로 번쩍일 거예요. 무척 아름답겠죠?

인간 크기로 변신한 곤충
보석풍뎅이
보석처럼 반짝여서 사진을 찍기 어렵다고 한다.

어떻게 반짝반짝 빛나는 걸까?
보석풍뎅이의 비밀

보석풍뎅이 몸의 구조

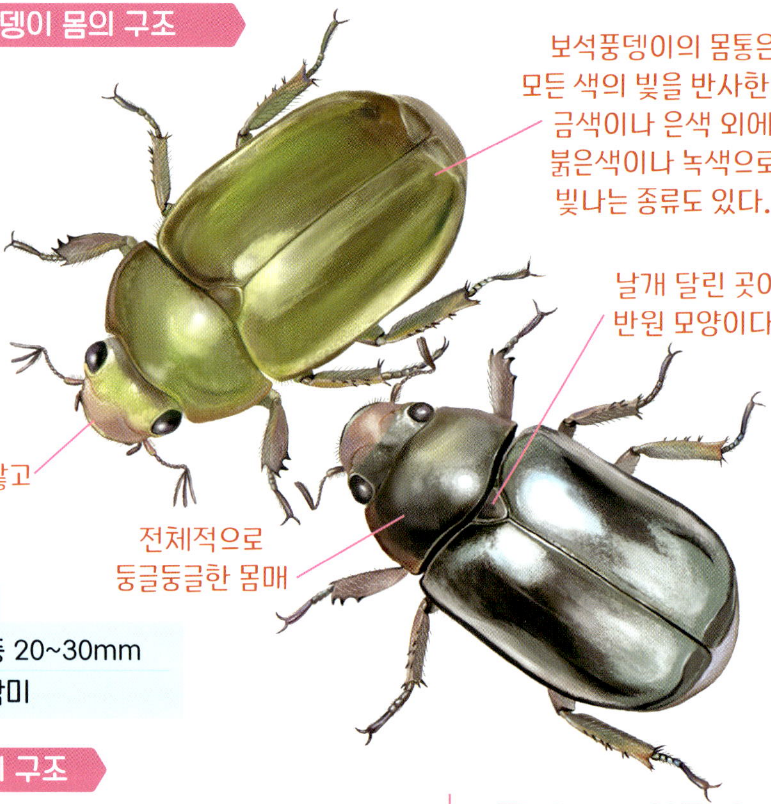

- 보석풍뎅이의 몸통은 모든 색의 빛을 반사한다. 금색이나 은색 외에 붉은색이나 녹색으로 빛나는 종류도 있다.
- 날개 달린 곳이 반원 모양이다.
- 입이 뾰족하지 않고 둥글다.
- 전체적으로 둥글둥글한 몸매

보석풍뎅이
크기: 성충 20~30mm
분포: 중남미

풍이 몸의 구조

- 전체적으로 각진 체형
- 날개 달린 곳의 모양이 이등변 삼각형이다.
- 튀어나온 입

풍뎅이의 일종인 보석풍뎅이

금속처럼 번쩍이는 풍뎅이 종류를 통틀어 보석풍뎅이라고 불러요. 체형은 일반 풍뎅이와 거의 비슷하며, 풍뎅이과의 풍이와 매우 닮았지요. 체형이나 날개 달린 부분의 차이점으로 구분해요.

색깔이 없어서 반짝반짝 빛나는 보석풍뎅이

사과에는 붉은 색소가 있어서 사과에 닿은 빛 중 붉은빛만 반사하고 다른 색 빛은 색소에 흡수돼요. 이때 반사된 붉은빛이 눈 안쪽의 색 감지 세포를 자극해 '붉은색'이라고 판단하는 것이지요.
보석풍뎅이는 색의 원료인 색소를 갖고 있지 않아서 모든 빛을 반사해요. 그래서 아무 색도 아닌 금색이나 은색으로 빛나지요.

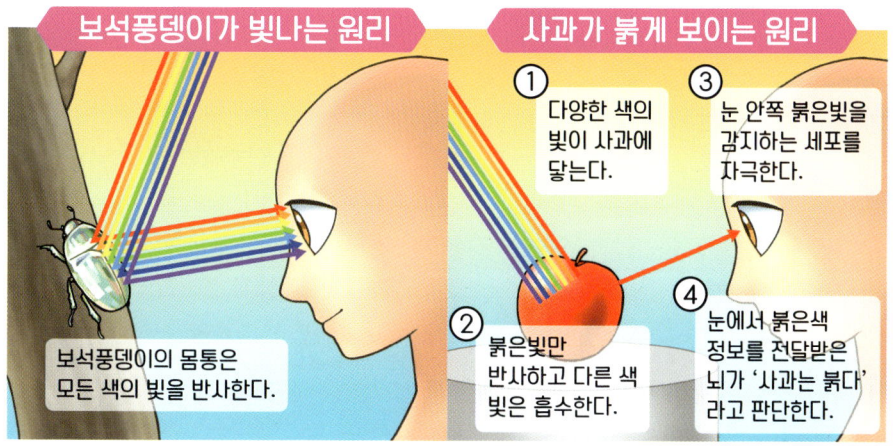

보석풍뎅이가 빛나는 원리
보석풍뎅이의 몸통은 모든 색의 빛을 반사한다.

사과가 붉게 보이는 원리
① 다양한 색의 빛이 사과에 닿는다.
② 붉은빛만 반사하고 다른 색 빛은 흡수한다.
③ 눈 안쪽 붉은빛을 감지하는 세포를 자극한다.
④ 눈에서 붉은색 정보를 전달받은 뇌가 '사과는 붉다'라고 판단한다.

 **호기심 사전**
사과가 붉게 보이는 것은 사과의 붉은 색소가 붉은색 빛만 반사하기 때문이다.

인간 크기의 보석풍뎅이도 반짝일까?

사진으로 보석풍뎅이만 찍는 것은 무척 어려워요. 주변의 사물이나 촬영 카메라가 보석풍뎅이 몸통에 비치기 때문이지요. 하지만 그 덕분에 숲속에서는 나뭇잎을 비춘 보석풍뎅이가 친적에게 발견되지 않아요. 그럼 인간 크기로 변한 보석풍뎅이도 주변 풍경이나 쳐다보는 사람의 얼굴을 비출까요? 숟가락 바깥쪽의 볼록한 면에 얼굴을 비추면 얼굴이 보여요. 보석풍뎅이 몸통도 볼록해서 주변 사물을 비추지요. 지나가던 사람들이 거울 대신 보석풍뎅이에 자신을 비춰 보며 옷매무시를 가다듬을지도 몰라요.

 두눈속딱부리반날개

총알보다 빠르게 방귀 발사!

**앞날개가 매우 짧아서
날개가 없는 것처럼 보이는 곤충!**

반날갯과의 곤충은 딱정벌레 일종이에요. 단단한 앞날개 아래에 부드러운 뒷날개가 접혀 있지요. 그중에서도 커다란 겹눈이 있는 두눈속딱부리반날개는 엄청난 능력을 지녔어요. 수면 위에 떠 있거나 천적에게 공격당하면 엉덩이에서 가스를 분사해 1초에 60cm를 도망칠 수 있어요. 두눈속딱부리반날개의 몸길이는 약 4mm예요. 1초에 몸길이의 150배(600mm÷4mm)나 이동하지요. 만약 인간만큼 커져서 몸길이 150cm가

 인간 크기로 변신한 곤충

두눈속딱부리반날개
이름처럼 앞날개가 몸통의 절반 정도만 덮고 있다. 당당한 자세가 멋있다.

된다면 초속 225m(1.5m×150배)를 이동하는 셈이에요. 권총을 발사할 때 총알의 초속이 200m인 종류도 있으니, 그보다 더 빠른 것이에요. 단, 가스를 분사하며 나는 것은 한 번만 할 수 있으니 거대 두눈속딱부리반날개를 공격할 때 참고하세요.

결론
극도로 진화한 방귀 덕에 초고속 비행이 가능하다.

곤충 정보 플러스+ 반날갯과의 날개를 접어 넣는 기술은 무척 효율적이어서 다양한 분야에서 주목받고 있다.

왜 날개를 숨기는 걸까?

두눈속딱부리반날개의 비밀

두눈속딱부리반날개 몸의 구조

- 작은 앞날개 밑에 뒷날개를 접어 넣는다.
- 반날갯과 중에서도 겹눈이 매우 커서 '두눈속딱부리'라는 이름이 붙었다.
- 몸통에 오돌토돌한 점무늬가 있다.

두눈속딱부리반날개
크기: 성충 3~5mm
분포: 한국, 일본

반날갯과의 날개 수납 기술

두눈속딱부리반날개는 날개를 20번 넘게 복잡한 방법으로 접어 넣어요. 하지만 날개를 펼치는 데 0.1초, 접는 데 1초밖에 안 걸리지요. 이렇게 빨리 펼쳤다 접는 구조를 응용하여 우주에서 사용할 수 있는 인공위성용 부품을 만들기 위한 연구가 진행 중이에요.

날개 접기
몸을 구부려 뒷날개를 접고 앞날개 밑으로 밀어 넣는다.

뒷날개를 펼친 모습

종류가 다양한 반날갯과

두눈속딱부리반날개는 반날갯과 곤충이에요. 반날갯과에는 5만 8,000여 종이 있는데, 그 능력과 특징이 다양해요.
청딱지개미반날개의 체액이 사람 손에 묻으면 화상을 입은 것처럼 붉게 변하거나 물집이 생겨요. 체액에 '페데린'이라는 유해 물질이 있기 때문이지요. 그래서 '화상 벌레'라고도 불려요.
입치레반날개는 큰턱이 발달해 마치 사슴벌레처럼 보여요.
긴뿔반날개는 그 이름처럼 수컷의 등에 긴 뿔이 달려 있어요.

청딱지개미반날개
논과 밭, 연못과 늪 등에 서식한다.

입치레반날개
버섯이 있는 숲에서 버섯을 먹으며 서식한다.

긴뿔반날개
소금을 만드는 염전에 서식했지만, 염전이 줄면서 개체 수도 줄었다.

두눈속딱부리반날개는 화학 천재!

두눈속딱부리반날개는 물의 표면 장력을 약하게 하는 체액을 방귀로 내뿜어 수면을 미끄러지듯이 헤엄쳐요. 또한 두눈속딱부리반날개의 입에는 두 군데가 구부러지는 아랫입술이 있어요. 포획물을 발견하면 아랫입술을 뻗어 그 끝의 점착(끈끈하게 착 달라붙음) 물질로 잡아당기고 큰턱으로 물어서 체액을 빨아들이지요.
가스를 뿜어 도망치고 체액으로 헤엄치며 점착 물질로 사냥하는 두눈속딱부리반날개는 화학 물질을 능숙하게 다루는 놀라운 곤충이에요.

헤라클레스왕장수풍뎅이
장수풍뎅이계의 제왕!

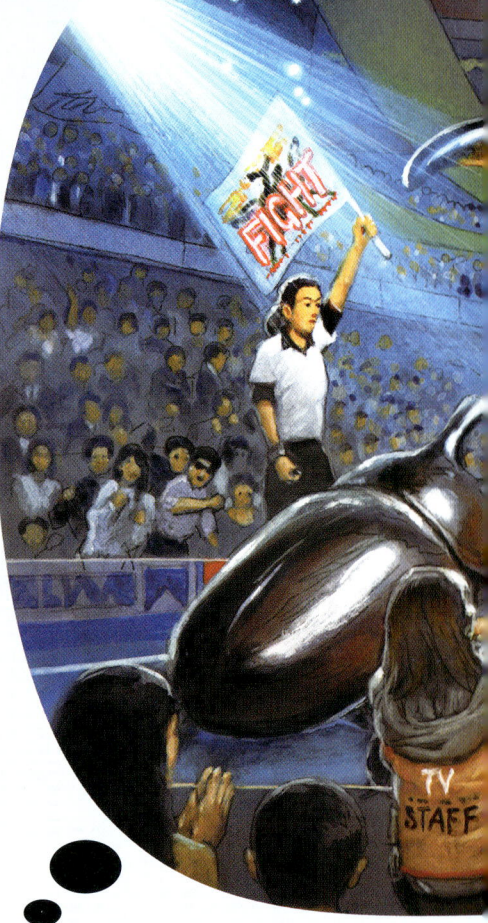

세계 최대 크기의 장수풍뎅이인 헤라클레스왕장수풍뎅이!

헤라클레스왕장수풍뎅이는 중남미에 13종이 서식해요. 보통 몸길이 14cm에 무게는 40g이지요. 야생에서 발견한 가장 큰 개체의 몸길이는 17.2cm이고, 사육 환경에서는 몸길이가 18cm인 개체도 있다고 해요. 이 정도면 어른 손바닥만큼 긴 길이지요.

만약 헤라클레스왕장수풍뎅이가 인간만큼 커진다면 어떻게 될까요? 20~21쪽에 나온 장수풍뎅이와 같은 비율(원래 크기의 20배)로 커진다면, 헤라클레스왕장수풍뎅이의 몸길이는 2m 80cm, 몸무게는 320kg이 돼요.

인간 크기로 변신한 곤충
헤라클레스왕장수풍뎅이
전 세계에서 사랑받는 위풍당당 곤충계의 전설!

몸길이가 2~3m인 북극곰과 비슷해지는 것이에요. 게다가 헤라클레스왕장수풍뎅이의 뿔 길이는 몸길이의 절반을 차지하니까 1m 40cm가 되지요. 아무래도 거대한 모습에 압도되어 가까이 다가갈 수조차 없지 않을까요?

결론

곤충을 좋아한다면 꼭 키워 보고 싶을 거야!

곤충 정보 플러스+ 헤라클레스라는 이름은 그리스 신화에 등장하는 장수 헤라클레스에서 유래되었다.

장수풍뎅이계의 제왕!
헤라클레스왕장수풍뎅이의 비밀

헤라클레스왕장수풍뎅이 몸의 구조

장수풍뎅이 성충은 수명이 몇 개월뿐이지만, 헤라클레스왕장수풍뎅이 성충은 1년 이상 살기도 한다.

2개의 큰 뿔로 상대를 잡아 던진다.

장수풍뎅이의 매끄러운 앞날개와 달리, 헤라클레스왕장수풍뎅이 앞날개에는 세밀한 홈이 있다.

헤라클레스왕장수풍뎅이
- 크기: 성충 46~178mm
- 분포: 중남미

아래쪽에서 본 얼굴

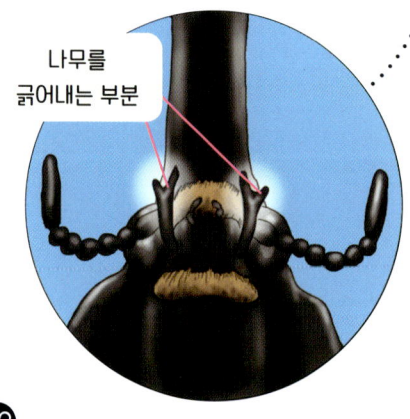

나무를 긁어내는 부분

힘의 차원이 다른 헤라클레스왕장수풍뎅이

헤라클레스왕장수풍뎅이는 커다란 몸집만큼 힘도 세서 혼자 힘으로 단단한 나무껍질을 갉아 수액을 핥아먹을 수 있지요. 단단한 줄기를 벗기려면 힘이 세야 하는데 헤라클레스왕장수풍뎅이는 입 위로 튀어나온 주걱처럼 생긴 부분을 끌처럼 사용해 나무를 긁어내지요.

노란색과 검은색으로 변하는 날개색

헤라클레스왕장수풍뎅이는 노란색 날개가 특징이지만, 사실 항상 노란색인 것은 아니에요. 날개에 있는 수많은 미세한 홈이 스펀지처럼 수분을 머금고 있어서 색이 변하는 것이지요.
태양 빛을 쐬면 날개가 말라 노란색을 띠고, 빛이 닿지 않는 밤에는 날개가 젖어 검은색이 돼요. 먹이를 많이 먹었을 때도 날개가 검게 변해요.

한밤중 숲속의 헤라클레스왕장수풍뎅이

밤이나 깊은 숲속에서는 검은 몸통이 새 등의 천적에게 눈에 띄지 않는다는 장점이 있다.

호기심 사전

헤라클레스왕장수풍뎅이는 어떻게 싸울까?

헤라클레스왕장수풍뎅이의 가장 강력한 적은 코끼리장수풍뎅이예요. 몸길이는 약 12cm로 헤라클레스왕장수풍뎅이보다 작지만, 몸무게는 50g으로 더 무거워요. 만약 이 두 곤충이 20배로 거대화한다면? 몸길이 2m 80cm, 몸무게 360kg인 헤라클레스왕장수풍뎅이가 몸길이 2m 40cm, 몸무게 400kg인 코끼리장수풍뎅이 몸통을 기다란 뿔로 들어 올리면 3m 정도는 튕겨 나갈 거예요. 10m 높이까지 던지면 코끼리장수풍뎅이는 시속 50km로 땅에 떨어질 거예요. 구경하고 싶을 만큼 정말 엄청난 싸움이겠죠?

Science

 어린이 과학백과 시리즈
초등 교과 연계표

책 명	학년-학기	교 과	단 원
인체백과	6-2	과학	4. 우리 몸의 구조와 기능
곤충백과	3-1	과학	3. 동물의 한살이
	5-1	과학	5. 다양한 생물과 우리 생활
로봇백과	3-1	국어	2. 문단의 짜임
	3-1	과학	2. 물질의 생성
동물백과	3-1	과학	3. 동물의 한살이
	3-2	과학	2. 동물의 생활
	5-1	과학	5. 다양한 생물과 우리 생활
호기심백과	3-1	과학	5. 지구의 모습
	5-2	과학	1. 날씨와 우리 생활
바다해저백과	3-1	과학	5. 지구의 모습
	3-2	과학	2. 동물의 생활
공룡백과	3-2	과학	2. 동물의 생활
	4-1	과학	2. 지층과 화석
전통과학백과	3-1	과학	2. 물질의 생성
	3-2	사회	2. 시대마다 다른 삶의 모습
우주백과	3-1	과학	5. 지구의 모습
	5-1	과학	3. 태양계와 별
장수풍뎅이 사슴벌레백과	3-1	과학	3. 동물의 한살이
파충류백과	3-1	과학	3. 동물의 한살이
	3-2	과학	2. 동물의 생활
	5-1	과학	5. 다양한 생물과 우리 생활
벌레잡이·희귀 식물백과	4-1	과학	3. 식물의 한살이
	4-2	과학	1. 식물의 생활
세계 최고·최초백과	3-1	과학	5. 지구의 모습
	5-1	과학	3. 태양계와 별
	6-2	사회	3. 세계 여러 지역의 자연과 문화
발명백과	3-1	과학	2. 물질의 생성
	4-2	과학	3. 그림자와 거울
드론백과	3-1	과학	2. 물질의 생성
	5-2	과학	3. 물체의 빠르기
인공지능백과	4-1	과학	1. 과학자처럼 탐구해 볼까요?
	5	실과	6. 생활과 정보
	6	실과	3. 생활과 전기 전자
			4. 나의 진로
공상 과학 곤충 도감	3-1	과학	3. 동물의 한살이
	3-2	과학	2. 동물의 생활